AF299911

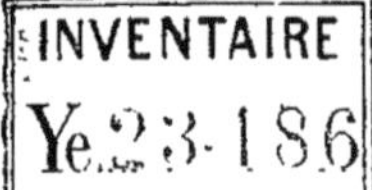

L'ART
PÉDAGOGIQUE

POÈME DIDACTIQUE

EN QUATRE CHANTS

Par G. GÉANT

Maître-adjoint à l'Ecole Normale de Troyes

MONTMÉDY

IMPRIMERIE DE PH. PIERROT-CAUMONT

1880

L'ART PÉDAGOGIQUE

POÈME DIDACTIQUE

EN QUATRE CHANTS

Par G. GÉANT

Maître-adjoint à l'Ecole Normale de Troyes

MONTMÉDY

IMPRIMERIE DE PH. PIERROT-CAUMONT

1880

PRÉFACE

Une éducation saine et suffisante est le premier bè-
soin de l'homme, individu ou nation : tout le monde
en convient; mais qu'est-ce qu'une bonne éducation,
et quelle en est la base vraiment solide? Ici, l'accord
disparaît. C'est la religion, dit l'un; c'est l'instruction,
répond l'autre ; c'est la profession, assure un troisiè-
me : et tous d'attirer ou de retenir les enfants qui à
l'église, qui à l'école, qui à l'atelier. Tous ont raison,
et tous ont tort, car ce ne sont là que des moyens : la
fin, l'éducation complète est une œuvre complexe, une
résultante où doit concourir tout effort particulier.
Nul n'est en état de l'accomplir à lui seul ; il y faut
l'action simultanée ou successive de la famille, de l'é-
cole et de la société.

C'est pourquoi, dans ce petit écrit qui vise surtout
l'instruction primaire et l'instituteur, nous touchons
des questions qui leur sont étrangères : nous y parlons
alors au père, au pasteur, au magistrat, plutôt qu'au
maître d'école. Leur union est nécessaire pour conduire tout enfant à cette heureuse moyenne de déve-
loppement des facultés humaines, à cet équilibre parfait du physique et du moral qu'on appelle une bonne
éducation. Si l'on exclut l'un de ces agents, le résultat est fort compromis. Aussi prêchons-nous l'entente

et la tolérance réciproque pour développer harmoni-
quement et l'un par l'autre le corps, l'esprit, le cœur
des enfants.

C'est la trilogie qui s'impose à tout ouvrage pédagogique et qui forme la division de celui-ci, avec le
portrait du bon maître comme indispensable complé-
ment. Cette partie, la plus originale de notre œuvre,
est peut-être celle qui plaira le moins à certains lec-
teurs : universistes ni congréganistes n'applaudiront
à Jésus pédagogue. Et pourtant, nous l'avons choisi
par esprit de conciliation non moins que par amour de
la vérité : Jésus n'a jamais été d'aucun parti, et il s'est
vraiment montré parfait instituteur.

A ces deux motifs, ajoutons qu'il nous a paru bon
de combattre les cléricaux avec leurs propres armes,
et de leur opposer Celui qu'ils nous objectent sans
cesse. On devrait même, à notre avis, les suivre plus
loin sur ce terrain, et imiter l'ennemi en ce qu'il a de
bon : recrutement scrupuleux, sévère préparation, re-
traites et conférences, étroite confraternité, refuge et
maison mère, etc. Nos Philistins universitaires ne
sont pas tellement bien armés qu'ils ne doivent, autant que possible, couper à Samson ses longs cheveux.
Le secret de sa force est aussi dans son obéissance
servile, mais la sage liberté vaut mieux ; dans le céli-
bat, mais le mariage est plus sûr et plus moral ; dans
les dots et legs qui enrichissent les congrégations, mais
l'Etat est plus riche encore ; enfin, dans les pratiques
de la dévotion, mais la religion véritable est accessible
à tous les cœurs. Nous n'admettons pas qu'on proscri-
ve des écoles ce puissant levier d'éducation, et, tout
en laissant au pasteur seul l'enseignement religieux
dogmatique et direct, catéchisme, histoire sainte,
nous voulons que l'instituteur laïque puisse tirer de ses
leçons les moralités religieuses qu'elles comportent ;

qu'il soit même en état de prouver, la Bible et l'Evangite à la main, que la vraie doctrine du Christ n'est pas du tout en opposition avec la science et le libéralisme modernes. L'obligation de se taire en ce point nous semble tout aussi contraire à la liberté de conscience que l'obligation de parler, dont on a raison de ne plus vouloir.

Voilà dans quel sens et quel esprit nous avons parlé religion en pédagogie, et proposé Jésus pour modèle du bon Instituteur comme il l'est du bon Pasteur. Cette idée a pris la place de ce que nous avions projeté et commencé de dire sur les écoles normales, sur l'éducation professionnelle des jeunes instituteurs, ce point particulier de notre expérience déjà longue. Nous avons renoncé à ce thème en voyant nos séminaires d'instituteurs devenir l'objet de la plus vive sollicitude des pouvoirs publics, et le baroque édifice construit après 1850 par le cléricalisme impérial crouler pièce à pièce sous les coups de MM. Jules Ferry, Buisson, Gréard, etc. On ne verra bientôt plus ces établissements laïques soumis à des réglements cléricaux ; une éducation conventuelle donnée à qui doit vivre dans le monde ; des maîtres mariés vivant en célibataires, accablés de classes et surchargés de surveillances, responsables sans initiative ni liberté d'action ; des directeurs plus pourvoyeurs que pédagogues, plus omnipotents qu'omniscients. Toute cette organisation malveillante, qui devait faire tomber les écoles normales aux mains des congrégations, doit disparaître sous le Gouvernement sympathique et libre que la France s'est donné. Déjà deux éminents députés, MM. Paul Bert et Fréminet, ayant entr'ouvert la porte des écoles normales aux maîtres surveillants, M. le Ministre s'est empressé de la leur ouvrir tout à fait, et de leur créer même une position privilégiée : car il faut que ces *novissimi* deviennent *primi* dans tous nos établissements universitaires où prévaut l'internat, si l'on veut, comme le prescrit toute saine pédagogie, que l'éducation y prime l'instruction.

La cognée étant ainsi à la racine de l'arbre des abus, nous avons cru inutile de récriminer contre un passé maudit. Quant à l'avenir, nous eussions pu le garantir peut-être en fournissant certains détails qu'on n'aperçoit bien que du poste inférieur où nous sommes placé, et par une observation quotidiennne ; mais ce qu'on voit ainsi de bas en haut n'est pas toujours édifiant, et il est souvent plus dangereux de signaler le mal que de le commettre ; puis, il est impossible que les idées utiles que nous pouvons avoir n'arrivent pas à l'esprit de tant d'hommes éminents, expérimentés et bien renseignés, qui composent aujourd'hui le Conseil supérieur de l'Instruction publique.

Ils savent bien, par exemple, qu'une des règles les plus nécessaires de l'éducation des élèves-maîtres (et même de tous les jeunes gens), c'est de leur apprendre à étudier seuls et de les accoutumer au travail personnel, silencieux et solitaire, qui sera celui de toute leur vie, en dehors de la classe ; que c'est une grave erreur, par conséquent, de dresser des tableaux de l'emploi du temps normalien comme nous en avons sous les yeux, où le nombre des classes est presque double de celui des études : juste le contraire de ce qui devrait avoir lieu. L'étude, en effet, représente le travail de l'élève ; la classe, celui du maître ; or, celui-ci dirige, stimule, trace la besogne, donne l'exemple, mais ne doit exposer et démontrer généralement que ce que l'élève ne saurait trouver de lui-même. Il y a des classes qui ne demandent pas d'étude préparatoire, comme l'écriture, le chant, la gymnastique ; mais beaucoup d'autres exigent une préparation deux ou trois fois plus longue que la leçon. C'est tout le contraire d'un tableau où nous voyons les classes durer cinq quarts d'heure ou une heure et demie, et les études seulement trois quarts, une demie et même un quart d'heure ; une classe y alterne toujours exactement avec une étude, par un abus aussi mauvais. Quel travail est profitable dans ces conditions ? Une application suivie, une méditation silencieuse de deux heures est possible à dix-sept ou dix-huit ans ; elle est souvent même nécessaire, et il en faut contracter l'habitude ; mais une classe d'une heure sur un même sujet est tout ce qu'élèves et maîtres peuvent supporter utilement.

On sait bien aussi, en haut lieu, que ce qui conduit les directeurs à cette multiplication des classes, c'est l'extension sans cesse croissante des programmes d'enseignement, où le but poursuivi est cette chimère : Tout embrasser et tout approfondir. Aussi espérons-nous qu'on fera bientôt comprendre à tous que, pour l'atteindre dans la mesure du possible, premièment, deux classes bien préparées par le maître et par les élèves valent mieux que trois qui ne le sont que peu ou point ; secondement, les examens de toute nature doivent être échelonnés et gradués, et non pas subis en une seule fois et sur toutes les parties du programme. Un brevet d'instituteur, un certificat d'inspecteur, un baccalauréat même s'obtiennent en un jour, en une heure, pour valoir toute la vie, et ne sont trop souvent, dix ans après, qu'un mensonge officiel. Nul ne devrait être confirmé dans son grade avant l'âge de trente ou trente-cinq ans.

Nous sommes d'ailleurs grand partisan des examens pour toutes espèces de grades ou de fonctions ; mais nous le sommes avec mesure, et non avec l'engoûment qu'on y met aujourd'hui. Un maître qui travaille depuis quinze ou vingt ans sous les yeux des directeurs, inspecteurs et recteurs, et dont les élèves concourent tous les ans pour quelque emploi, se trouve avoir subi des examens pratiques et multipliés qui en valent bien d'autres ; l'Administration se lie trop les mains en s'interdisant de l'avancer parce qu'il manque d'un certain parchemin. D'ailleurs, nous n'aimons pas qu'on entende par avancement la désertion d'une fonction pour une autre, par exemple du professorat pour l'inspection ; car il arrive (nous en avons été témoins) que l'on néglige ses fonctions actuelles en vue des fonctions futures ; on songe plus à soi qu'à ses élèves. On ne se fixe nulle part ; on ne perfectionne rien ; bien plus, on rit de ceux qui s'attachent à leur emploi ; des supérieurs même nous ont fait, à nous, ce singulier reproche ; ils ont paru ne nous croire propre à rien, parce que nous ne nous étions pas cru propre à tout. L'expérience et le mérite de vingt-cinq ans de bons services ne valaient pas, à leurs yeux, la chance d'une heure d'examen ! Nous disons ceci sans amertume, étant dépouillé de toute ambition personnelle ; mais ce souvenir nous porte à désirer que le Conseil supérieur, inspiré par sa propre origine, introduise quelque peu, pour les fonctions diverses de l'enseignement, le principe de l'élection, à côté de celui des examens et des concours. Un inspecteur, un directeur, un professeur, sont placés entre des supérieurs d'un côté et des inférieurs de l'autre : il n'importe pas moins qu'ils contentent ceux-ci que ceux-là ; car quel bien peuvent-ils faire sans la confiance, la sympathie, ni parfois même l'estime de ceux qu'ils doivent diriger ?

Revenons, pour finir, à ce petit poème pédagogique. Poème, est-ce bien le mot ? Le compte-rendu élogieux

de la *Revue pédagogique* d'octobre 1878, et le désir
de quelques amis et curieux de connaître l'ouvrage
entier, ne nous font pas illusion ; nous en voyons trop
les défauts, tant ceux qui tiennent à notre *manière*
que ceux qui sont inhérents au sujet lui-même et au
genre didactique, toujours froid et aujourd'hui fort dé-
modé. Mais tel qu'il est, il peut inspirer de plus capa-
bles et les porter à faire mieux ; il peut solliciter l'attention de plusieurs en faveur de cette science de l'é-
ducation, plus prônée encore que bien connue ; il peut
sembler, aux yeux des humbles qui s'en occupent,
l'ennoblir et en résumer assez bien les principes géné-
raux ; il peut, enfin, contribuer à rapprocher les deux
partis qui se disputent, en France, l'éducation de la
jeunesse, ou, à défaut de ce résultat si désirable,
mais si difficile et si éloigné encore, prouver qu'on
peut être à la fois universitaire et catholique, laïque
et religieux, et que nos écoles normales ne forment pas
des athées. Ces raisons suffisent pour nous décider à
faire imprimer cet opuscule.

Cherchant la conciliation jusque dans la forme ou
le style, nous avons tâché d'y éviter également le pu-
risme classique et la hardiesse affectée du romantis-
me ; mais le mot nous a toujours moins occupé que
l'idée, et le poème entier beaucoup moins que nos devoirs professionnels. Œuvre de quelques rares loisirs, il ne vaut peut-être pas plus qu'il ne coûte ; mais
nous aurons, quoi qu'il arrive, la consolation de laisser un autre poème infiniment plus précieux : quelques
centaines de bons instituteurs et institutrices que
nous contribuons à former depuis de longues années
et auxquels nous offrons ces simples rimes écrites au
milieu d'eux, voulant que nos délassements mêmes
leur soient consacrés.

L'ART PÉDAGOGIQUE

CHANT I

Le Corps, ou Education physique

Il est un art divin, plus beau que la nature,
Plus grand que tous les arts, qu'il crée ou qu'il assure ;
Un art qui fait de l'homme, œuvre autant qu'ouvrier,
Le roi, le demi-dieu de l'univers entier :
Cet art miraculeux, cette blanche magie,
C'est l'éducation, c'est la pédagogie.

Vertu, voilà le but ; science, le moyen.
Elever, ou plutôt relever jusqu'au bien
L'homme, sujet au mal par sa triste origine ;
Restaurer et finir cette image divine ;
Dompter ses passions, combler ses vrais besoins ;
Le rendre heureux sur terre, ou résigné du moins ;
Allumer son fanal, et malgré tout orage
Guider son frêle esquif au céleste rivage :
Telle est de ce grand œuvre et la règle et la fin,
Et tel est le sujet, digne d'un séraphin,
Qu'en ces timides chants célèbre.... ou plutôt plaide
Un humble et pauvre maître, — à qui Dieu soit en aide !

L'homme, image divine, est une trinité :
Le corps, l'esprit, le cœur, voilà son entité.

Tout maître qui de haut remplit son ministère
Traite avec même soin ces trois points du mystère.
Plus d'un pourtant nous dit : « Mortifiez les sens. »
Mortifier, quel mot ! Les morts sont impuissants.
Bien élever le corps, c'est l'asservir à l'âme,
Mais comme un instrument que son besoin réclame ;
C'est parfaire les sens, la force, la santé,
L'adresse, et s'il se peut la grâce et la beauté.
Que vaut un cavalier dont le coursier rebelle
Est insensible au frein ou blessé de la selle ?
Ou que peut le pilote en un frêle vaisseau
Privé de gouvernail, sans pompe, et qui fait eau ?
Telle est dans un corps faible une âme emprisonnée,
D'autant plus à l'étroit que plus grande et mieux née.
L'infirme intelligent, consumé de désirs,   [sirs].
Forme en vain cent projets, cherche en vain cent plai-

Ne l'oubliez jamais, ô vous qui de l'enfance
Guidez les premiers pas et gardez l'innocence !
Il vous faut avant tout former, dresser le corps,
Sans permettre à l'esprit d'en briser les ressorts.
Consultez ses besoins, écoutez la nature ;
Son fréquent appétit vous répond : nourriture ;
Ses membres froids et nus : asile et vêtement ;
Sa pétulante ardeur : travail et mouvement ;
Sa fatigue de peu : fréquent repos, vacances ;
Sa grâce et sa fraîcheur : propreté, bienséances.
Je m'arrête, il le faut ; ce discours est sans fin.
Mais vous-même lisez dans ce livre divin.
Il est ouvert à tous, à tous intelligible
Dès que l'esprit est droit, le cœur pur et paisible.
Il ne paraît obscur qu'à l'homme immodéré
Qui, faussant ses instincts, puis par eux égaré,
Confond trop la nature avec son habitude
Et dans un livre à lui veut en faire l'étude.
Mais la nature est mère et son langage heureux ;
L'habitude est marâtre et ses cris douloureux.

C'est par elle, ô parents, qu'avant même qu'il vive
Vous donnez à l'enfant sa qualité native,

Et que vice ou vertu, soit de l'âme ou du corps,
Se transmet souvent mieux qu'un nom ou des trésors.
Engendrer, c'est léguer votre propre existence,
C'est la régénérer dans les eaux de Jouvence.
Donnez donc votre force à tous vos rejetons,
Ou mourez tout entiers, sans pâles avortons.
Oui, pères, soyez sains ; et vous, mères, nourrices.
C'est un devoir sacré, plein de pures délices ;
Car le lait, c'est encor le sang générateur.
Ah ! ne le tarissez qu'à grand'force et rigueur.
Adjoignez-vous alors les plus saines mamelles,
Jamais l'impur téton de ces froides femelles
Qui, des œuvres du vice assassins patentés,
Rôdent comme des loups autour de nos cités.

L'enfant suce un lait pur, c'est bien ; mais à sa bonne
Faut-il que nuit et jour sa mère l'abandonne ?
Faut-il que, garrotté dans un étroit maillot
Ou traîné mollement sur un beau chariot,
Enterré dans la plume et confit dans le sucre
Il ne soit qu'un objet de luxe ou bien de lucre ;
Et que, pâle et bouffi, souillant tapis et draps,
Il ne sache à deux ans dire un mot, faire un pas ?
Non, non, la bonne mère est tendre avec sagesse,
Et craint moins la rigueur qu'une lâche mollese.
Aussitôt qu'un enfant ne fléchit plus des reins,
C'est elle qui l'exerce à renoncer aux seins,
A bégayer son nom, à marcher devant elle :
Comme autour de son nid voltige l'hirondelle,
Invitant ses petits à s'élancer dehors
Dés que l'aile empennée offre un soutien au corps.

Réglez surtout le choix, et la mesure, et l'heure
Des repas de l'enfant : c'est une loi majeure,
Bonne à tous et toujours. Qu'est-ce que la santé,
Sinon des fonctions la régularité ?
Variez l'aliment ; mêlez la chair aux plantes,
Et soignez-en l'apprêt, mais sans règles savantes :
Car les mets trop friands pervertissent le goût,

Et l'enfant doit pouvoir un jour manger de tout.
Un palais délicat mène à l'intempérance,
Bien plus funeste au corps que jeûne et qu'abstinence.
Mais veuillez de vrais plats, pleins et substantiels ;
Et préservez vos fils de ces industriels
A qui tout paraît bon pour pressurer leur troupe
Et faire un gras profit sur une maigre soupe.
Demandez à l'enfant la carte des repas :
Vous y lirez d'où vient qu'il ne travaille pas,
Qu'il est flasque, endormi, le teint mat, l'œil atone ;
Et puis à son mentor vous ferez une aumône :
Car c'est un dur métier que celui de régent,
Et l'on doit payer cher le droit d'être exigeant.

N'allez pas toutefois, par un excès contraire,
Demander qu'à l'école on fasse bonne chère :
La tête par le ventre est facile à troubler ;
On doit nourrir vos fils, et non les régaler.
Veuillez plutôt qu'en tout on soit frugal et sobre,
Qu'ignorant et gourmand soit un égal opprobre,
Et que jamais tabac, café, liqueur, vin pur
Ne grisent les enfants : singes de l'âge mûr,
Ils n'ont que trop de goût à nos défauts et vices,
Que trop de feu sans huile et de faim sans épices.

Ah ! oui, loin de leurs yeux chassez-les, ces plaisirs
Qui sans les satisfaire irritent nos désirs !
Jamais tous nos festins, nos arts et leurs miracles
Ne vaudront la nature et ses divins spectacles. [fruits].
Les champs, les eaux, les bois, un doux miel et des
Voilà les vrais plaisirs par elle seuls produits.
De l'air, surtout de l'air ! Habitez la campagne ;
Préférez à la plaine une agreste montagne ;
Des villes tout au moins n'aimez que les faubourgs.
Hélas ! il n'en est rien ; nous entassons toujours
Maisons dans les cités, tombes aux nécropoles,
Ouvriers en fabrique, enfants dans les écoles.
J'ai vu, malgré les lois, la pitié, le bon sens,
Sur un carré d'un are en entasser deux cents ;

J'ai vu, sous un plafond qu'on touchait la main haute,
Cinquante jeunes gens se coucher côte à côte ;
J'ai vu l'infirmerie au milieu du dortoir ;
J'ai vu..... mais, magistrats, c'était à vous de voir !
A vous seuls de choisir le local et le maître,
Et d'appliquer des lois que vous devez connaître !

Etablissez l'école au centre du quartier,
Mais loin de tout marché, de tout bruyant métier,
Loin de l'égout infect et de l'impasse infâme,
Loin de tout lieu malsain pour le corps et pour l'âme.
Qu'elle ait de vastes cours et de larges dortoirs ;
Que l'air pur à grands flots circule en ses couloirs,
Sans que, pour y sévir, puisse en trouver l'entrée
Ni le brûlant Auster, ni le frileux Borée ;
Mais que le roi du jour aime à dorer ces lieux
De ses premiers rayons ou de ses derniers feux.
Qu'un torrent de lumière en tous sens les inonde ;
Et, quand vient de l'hiver la nuit longue et profonde,
Qu'un flambeau doux à l'œil en dissipe l'horreur,
Pendant que la science éclaire aussi le cœur.

Si d'un pauvre hameau l'édilité sordide
Vous fait une maison sans air, étroite, humide,
Vous, du moins, des enfants conducteurs généreux
Qui du matin au soir vivez au milieu d'eux,
Sauvez-les avec vous, tous ces chers petits êtres !
Ouvrez de leur prison les portes, les fenêtres ;
Nettoyez-la souvent, et ne rougissez pas
De monder chaque jour l'étable d'Augias.
Nourrissez-y, l'hiver, le bienfaisant effluve
D'un sûr et doux foyer, sans en faire une étuve
Où le mortel catarrhe à l'entrée, au sortir,
Saisisse un pauvre enfant qu'on n'a pas su vêtir.
Car vêtir est un art. L'habit comme les chambres
Doit être propre et chaud, large, et commode aux mem-
Sans les emmitoufler comme ceux du Lapon   [bres],
De peur d'un léger froid qui leur donne du ton.
Craignez plutôt le luxe et sauvez-en vos filles :

Il détruit la santé, ruine les familles.
Le luxe, ah ! quel tyran, quel puissant suborneur !
A combien chaque jour il fait perdre l'honneur !
A combien la beauté qu'on y cherche et qu'on aime !
Eh ! les plus beaux habits sont ceux qu'on fait soi-mê-
C'est peu de les bien mettre : il faut savoir tailler, [me],
Il faut... Oui, oui, prêchez ! on ne veut que briller ;
On demande à l'habit, non pas s'il est commode,
Mais s'il est élégant, mais s'il est à la mode.
Ici, la jeune vierge étouffe en son corset :
Quelle mère, un beau jour ! Là, sur un coussinet,
Ce futur soldat rêve à vaincre avec ses jambes !
Ailleurs, ils sont si beaux, si doucement ingambes,
Qu'on ne peut distinguer les filles des garçons.
« Va jouer, mon enfant, tu sais bien tes leçons, »
Dit la mère à son fils, ardent petit espiègle :
« Mais ne fais pas de bruit, joue et travaille en règle ;
Ne cours pas, c'est trop fou ; ne saute pas, c'est laid ;
Pas de lutte, de tir, ni de bain, s'il te plaît ;
Et surtout pas d'accroc, de poussière ou de boue
A tes beaux habits neufs. Allons, sois sage, et joue. »

Quelle dérision ! quelle cage de fer !
Rien n'est plus odieux, sinon ce magister
Qui veut que tout le jour l'enfant, dans son école,
Immobile et muet s'ennuie et s'étiole.
C'est un nouvel Hérode, un bourreau d'innocents.
Le travail de l'esprit veut le repos des sens,
Mais non leur inertie ; il faut même, à l'enfance,
Epargner tout excès de plaisir ou souffrance,
Tout drame, effroi, scandale : et cependant je veux
Que le cœur soit sensible et l'esprit curieux.
Tournez-en seulement les ardeurs naturelles
Au profit, avant tout, des forces corporelles.
Que l'enfant soit très fier d'être au gymnase, au jeu,
Leste, adroit, brave et fort comme un soldat au feu ;
Et que son goût d'instinct pour tout vif exercice,
Goût parfois trop ardent, mais sage et sûr indice,
Soit compris et réglé même dans le couvent,
Et non pas étouffé comme il l'est trop souvent.

Veuillez que votre enfant, au comptoir, à la table,
Rende les petits soins dont son âge est capable.
Exercez-le surtout à vos nobles travaux,
O vous cultivateurs ! Que les chars, les chevaux,
La garde du bétail, la basse-cour, les granges,
Que les jardins, les prés, les moissons, les vendanges
Soient ses jeux préférés, ses plus doux passe-temps.
Si pour les ateliers on déserte les champs,
Si pour la grande ville on fuit l'humble village,
C'est qu'on n'a pas appris à l'aimer de jeune âge ;
C'est que, sans manier outil d'aucun métier,
Ou l'enfant tout le jour bâille sur un papier,
Ou dans une fabrique il s'éreinte et se pâme,
Et croupit dans la crasse et du corps et de l'âme.
Ah ! si vous les aimez, ces pauvres chers enfants,
Craignez, fuyez pour eux ces bouges étouffants !
Qu'ils travaillent un peu, mais à l'air, mais à l'aise,
Chez vous et dans l'école, à chose qui leur plaise.

Que la classe elle-même, au moins dans les beaux jours,
Se fasse dans les champs, les jardins ou les cours ;
Que tout y contribue à donner aux organes
Avec les airs urbains les forces paysannes.
Enseignez en marchant : les grands maîtres anciens,
Jésus lui-même, étaient péripatéticiens.
Ennemis déclarés du travail sédentaire,
Ils ne le permettaient que vraiment nécessaire.
Aussi, quels corps de fer ! tandis, nous, qu'assoupis
Et sur des bancs étroits tout le jour accroupis,
Nous énervons nos fils, nos soldats dès l'école.
Sparte était trop au corps ; la France, non moins folle,
Songe trop à l'esprit : tout son peuple s'instruit,
Mais de nombre et de taille il baisse et se détruit ;
Eh ! ne peut-on donner l'un et l'autre avantage ?
Le matin à l'étude et le soir à l'ouvrage ?
Et, même sur les bancs, par des chants et des jeux
Varier, animer les rêves studieux ?
C'est le travail assis, penché sur un pupitre,
C'est la lumière oblique à travers une vitre,

C'est l'air épais et chaud, c'est le siège trop doux
Qui rendent les enfants bossus, louches et mous.
La gent d'école est gauche autant qu'elle est savante.
Le myope dessin, la grammaire pédante
Se passent trop souvent par pertes et profits.
Soyez-y tout pratique, et que vos jeunes fils
Parlent, s'il est possible, une langue étrangère :
Tâche ingrate à vingt ans, avant dix ans légère.

Le chant, non moins utile et plus facile encor,
Ne doit jamais des voix forcer le simple essor,
Mais douer d'agrément la trop sévère école
Et d'instruments parfaits l'ouïe et la parole.
L'enfant, vif et joyeux, a le goût naturel
De cet art enchanteur, langage universel ;
Mais veuillez qu'un air simple, aimable fantaisie,
S'y marie à voix douce, à douce poésie.
Le chant est un langage, il est vrai, mais confus ;
Criard, des passions ; musical, des vertus.
L'âme prend l'unisson de la voix qui l'enchante,
Et surtout des enfants l'âme encore innocente.

La musique est un jeu déjà, très doux, très sain ;
Mais j'en veux de plus vifs : on s'endort d'un refrain.
Il faut du mouvement, corde, marelle, quilles,
Barres aux jeunes gens, rondes aux jeunes filles ;
Danse enfin, cet ébat jadis religieux
Qui dégourdit le corps et le rend gracieux,
Et qui, formant soupape aux ardeurs naturelles,
Aide au travail secret des forces sexuelles.
C'est une gymnastique, art utile et moral,
A la mode aujourd'hui, mais que l'on comprend mal.

Gymnastique, est-ce tour d'athlète ou d'acrobate ?
Est-ce amour du brouet ou du vol spartiate ?
Non, c'est l'art de former l'ouvrier, le soldat ;
De cultiver la force, utile à tout état ;
D'acquérir la beauté, la vigueur et l'adresse,
Et de les conserver jusque dans la vieillesse.

Tel est cet art ancien qui paraît si nouveau.
Que toute école ait donc un gymnase, un préau,
Et de bons instruments où souvent chaque membre
S'exerce tour à tour, et se dresse ou se cambre.
Si tout vous fait défaut, sachez tout suppléer :
Car pour être un bon maître il faut savoir créer.
La moindre poutre alors se change en un portique ;
L'échelle du grenier devient orthopédique ;
Un vieux banc se transforme en balançoire à bras,
Une masse en haltère, une corde en vindas ;
La folle escarpolette est un parfait trapèze ;
On fait d'un arbre un mât, un tremplin d'une chaise ;
Enfin, lorsque tout manque au pédant orgueilleux,
L'humble maître d'école, actif, industrieux,
Sait fort bien sans machine évertuer sa classe.
Fait-il entrer, sortir, tourner, changer de place,
C'est en rangs, c'est au pas, à l'heure, à l'ordre exacts,
C'est en chantant gaîment ; et ses petits soldats,
Rangés par pelotons suivant l'âge et la taille,
Sillonnent le préau comme un champ de bataille.
Les voyez-vous, armés de leurs fusils de bois,
Et fiers de leurs galons, de leurs petites croix,
L'un déjà caporal et l'autre capitaine,
Comme ils font l'exercice avec grâce et sans peine ?
Sur son petit tambour Paul frappe un roulement :
Vite, les rangs sont pris. « A droite, alignement !
Haut le front ! droit le corps ! l'œil fixe à quinze mè-
Enfants, les bons soldats sont un peu géomètres. [tres !]
Manœuvrez maintenant sac au dos, arme au bras :
En avant marche ! un, deux... emboitez-bien le pas ! »
Soldat et peloton font ainsi leur école ;
Et le bon paysan qui, la faux sur l'épaule,
S'arrête à ce spectacle attrayant et nouveau,
Contemple en souriant son fils porte-drapeau.
Il se dit : « Quels ennuis, quels soins ces jeux faciles
Epargneront un jour aux conscrits malhabiles ! »
L'école, en attendant, leur doit plus de gaîté,
Partant plus d'écoliers, de progrès, de santé.

Au jeu comme au travail évitez la fatigue :
Il faut que l'on s'y prête, et non qu'on s'y prodigue.
Montrez-vous sans pitié pour l'enfant paresseux,
Mais aussi modérez l'enfant trop studieux.
Le repos au travail n'est pas moins nécessaire
Que le travail lui-même à l'existence entière.
Mais distinguez-en bien la molle oisiveté,
Et d'un lit trop moëlleux chassez la volupté.
Ne dormez que la nuit, et prenez de bon somme
Dix heures pour l'enfant et sept heures pour l'homme.
Je sais que la septième est pour les paresseux,
Selon l'adage ancien ; mais soyez généreux,
Et demandez plutôt qu'à tout âge l'on aime
Se lever de bonne heure et se coucher de même :
C'est un gage de force et de moralité.

Enfin, cherchez la grâce et la civilité.
L'écolier dans ses jeux, en classe, en rangs, à table,
Prend volontiers un ton, un maintien détestable ;
S'accroupit pour s'asseoir, mange trop vite et mal,
Vocifère ou bredouille un discours trivial,
Et n'acquiert point ce ton, cet air, cet art de plaire
Dont au siècle dernier la France était si fière.
Quel remède à ce mal ? Eh ! le sein maternel,
De la grâce et du goût seul code naturel.
Nos enfants l'apprendront où l'apprenaient nos pères,
Dans le commerce heureux de leurs sœurs, de leurs mè-
Les femmes en ce point sont des maîtres experts [res.]
Que remplacent fort mal les meilleurs magisters.
Que l'école souvent vous rende fils et fille,
Et devienne elle-même une aimable famille.
Que le corps s'y façonne à bien traduire aux yeux
Les qualités de l'âme, et, d'un air gracieux,
A saluer, s'asseoir, entrer, sortir, parler,
A savoir avec goût manger et s'habiller,
A pratiquer enfin toutes les bienséances
Entre élèves aux bancs aussi bien qu'en vacances.

Mais surtout conservez les fleurs de la santé
Par la demi-vertu qu'on nomme propreté.

Propreté dans le sang : que l'école se ferme
A qui pourrait d'un mal y semer quelque germe ;
Propreté du logis : la lumière et l'air pur
Sont le meilleur des mets et le fard le plus sûr ;
Propreté des habits, luxe de l'indigence ;
Propreté de la peau, volupté sans dépense.
L'homme pur au dedans se tient propre au dehors.
Et l'âme emprunte aussi les qualités du corps :
Un bel habit oblige autant que la noblesse.
Tout Diogène est chien, n'importe la sagesse,
Et Joseph Labre même, avec sa saleté,
Me semble avoir terni jusque la sainteté :
Du moins Jésus donnait des exemples tout autres
En lavant de ses mains les pieds de ses apôtres.

Veuillez que votre enfant chaque jour, en tout temps,
Lave à grande eau ses mains, son visage, ses dents ;
Qu'il prenne le dimanche un tiède pédiluve ;
Que l'été dans le fleuve et l'hiver dans l'étuve
Il aime à se plonger. A tout jeune écolier
Convient aussi l'escrime et l'art du cavalier :
C'est loisible pourtant ; mais sur un bon rivage,
Tout enfant devrait être un poisson pour la nage.
Que l'ivoire souvent divise ses cheveux ;
Et, pour les rendre forts, longs, vivaces, nombreux,
Que jusques à dix ans, même chez une fille,
Le fer les coupe courts, mais jamais ne les grille.
L'enfant plaît sans frisure, huile, parfum, ni fard,
Et ce qu'on aime en lui c'est l'absence de l'art.
Ne l'admettez en classe, au jeu, ni même à table,
Que s'il est propre et sain, que s'il veut être aimable,
Et que pour décrasser son âme après son corps
Du vice et de l'erreur, causes de mille morts.

CHANT II

L'Esprit, ou Education intellectuelle.

Qui n'a pas rencontré, mendiants par la ville,
Un aveugle et son chien, l'un à l'autre docile ?
Tremblant, l'air hébété par des yeux sans regard,
Le malheureux s'avance à tâtons, au hasard.
Rien de beau, rien de sûr pour lui ; tout est mystère,
La foule est un désert, l'homme un piège, et la terre
Un vaste cachot noir dont la porte est la mort.
Eh bien ! de l'ignorant tel est l'horrible sort :
Il ne connaît pas mieux ses devoirs les plus graves
Qu'un aveugle sa route à travers mille entraves.
Plein de sots préjugés et d'absurdes penchants,
Il est esclave né des rêveurs, des méchants.
Eût-il même un bon cœur, sa vertu sans lumière
Le laisse malheureux et n'est jamais entière.
Il faut l'instruction pour en voir les chemins,
Pour mettre à l'homme fait son sort entre ses mains.
C'est elle qui l'éclaire, et guide comme un phare
Le cœur et la raison, dont l'accord est si rare ;
Qui soumet la science au bandeau de la foi,
Et la volonté libre aux chaînes de la loi ;
Qui produit la richesse, abat la tyrannie,
Enfante le talent, seconde le génie ;
Et par qui l'homme enfin réalise le vœu
Des sept sages anciens : « Connais-toi, connais Dieu. »

Or, connaissez-vous bien, vous, docteurs de l'enfance,
Les nobles facultés de son intelligence ?

Savez-vous cultiver l'oreille attention,
Le toucher jugement, et l'œil réflexion ?
Formez-vous la mémoire, épargne de science ;
L'imagination, bourse de la dépense ;
La raison et la foi, ses pieds sur tous chemins ;
L'esprit avec le goût, ses deux adroites mains ?
Ah ! que ce tendre objet de nos sollicitudes
Soit le sujet constant de toutes vos études.

Les enfants, quoique vifs, étourdis et distraits,
Sont curieux de tout au point d'être indiscrets.
Sachez mettre à profit ce penchant salutaire.
Eloignez tout objet qui pourrait les distraire,
Mais piquez leur désir de toutes les façons
Et faites un secret de vos moindres leçons.
N'en rebutez aucun par des réponses rudes :
La curiosité vaut cent maîtres d'études.
Réglez-en l'appétit, prévenez-en l'excès,
Mais ne l'étouffez point : sans elle, nul progrès ;
Seule, toujours contente et jamais satisfaite,
Elle fait de l'étude une éternelle fête,
Rend l'élève attentif, l'oblige à réfléchir,
Et lui permet par soi de croître et s'enrichir.
Qu'il s'habitue en tout, quoi qu'il voie ou qu'il fasse,
A le scruter, palper, tourner sous toute face,
A tenter d'en savoir le poids, le prix, l'objet,
Et non pas le nom seul comme un franc perroquet.

N'allez pas toutefois négliger la mémoire.
Oh ! non, de tout savant c'est le laboratoire ;
C'est là qu'il met, reprend, remet dans leurs bocaux
Les divers éléments de ses nobles travaux.
Pétrissez le cerveau dès la première enfance,
Et rangez avec soin ce magasin immense.
Pas d'obscur à peu près, de fausse notion
Qui fasse divaguer l'imagination.
Cultivez bien aussi cette autre enchanteresse,
Fille de la mémoire, à qui dans la jeunesse
Tout homme fait sa cour plutôt qu'à la raison,

Et qui le charme encor dans la morte saison.
N'offrez à vos enfants que le vrai pour modèle,
Soit chef-d'œuvre de l'art, soit scène naturelle.
Faites-vous un musée, habile Vaucanson,
Et mettez sous leurs yeux l'objet de la leçon :
L'imagination ne va pas sans images.
Mais n'en prenez jamais dans ces tristes ouvrages
Où, folle du logis, elle y met à l'envers
Les meubles et les gens, les cieux et les enfers,
Pour fournir ses romans d'absurdes aventures,
De monstres, de démons et de caricatures.

Mais par là, dira-t-on, l'humble foi va déchoir ?
Non, non, la foi s'épure au creuset du savoir.
Bien plus, elle est son guide et sa force première.
Si l'enfant n'avait foi dans son maître et son père,
L'homme dans la nature et dans son propre cœur,
Où serait la science, où serait le bonheur ?
Pour inspirer la foi, gagnez la confiance,
Et n'abusez jamais la candeur de l'enfance.
Croire son précepteur conduit à croire en Dieu,
Si l'exemple au discours n'est point un désavœu ;
Mais si vous le bercez de contes imbéciles,
L'enfant doute de tout, même des Evangiles.
Quand il rencontre un nœud qu'il ne peut délier,
Veuillez que sa raison s'accoutume à plier.
Imposez votre avis sans bruit ni pédantisme,
Et ne tolérez point un rebelle ergotisme.

Mais n'oubliez jamais qu'en tout enseignement
La foi de la raison n'est que le supplément.
L'élève doit chercher toujours, en toute chose,
Et le pour et le contre, et l'effet et la cause.
Demandez un peu trop pour obtenir assez,
Et motivez après vos ordres transgressés.
Ne restez jamais court : même dans l'impossible
On doit fournir encor quelque raison plausible.
Dans tout ce qu'on enseigne, ou commande, ou défend,
Le pourquoi se mesure à l'âge de l'enfant ;

Mais il en faut donner : sinon, lourd et stupide,
Jamais il n'a bon sens ni jugement solide.
Jamais d'esprit non plus, d'esprit gaulois, sans fiel.
La source en est, dit-on, le sang, le vin, le ciel :
Je le crois, mais la grande est notre amour du monde.
Le Français veut parler et veut qu'on lui réponde.
Moins docte qu'un Germain sur son livre endormi,
Mais plus spirituel, plus agréable ami,
Il veut joindre le cercle à la bibliothèque,
Et préfère à des bancs la promenade grecque.
Faites lire, il le faut ; mais, pour l'amour de Dieu,
Laissez aussi l'enfant rire et causer un peu !
Surtout pas de leçon, pas de lecture à table,
Pas de livre au préau : travail peu profitable.
Mais souffrez aux repas une douce gaîté,
Moins utile à l'esprit encor qu'à la santé.
Faites même parfois du théâtre une école,
Jouant quelque proverbe où chacun ait son rôle.

Le dialogue oral développe le goût,
Ce sens universel indispensable en tout.
C'est le goût qui choisit ce qu'il faut taire ou dire,
Le trop et le trop peu, le meilleur et le pire :
Qui pousse à l'idéal, à la perfection
L'esprit, le jugement, l'imagination ;
Qui préside aux beaux arts, aux lettres, aux sciences,
Et qui triple pour nous leurs douces jouissancés.
Tout enfant a du beau quelque goût général ;
Mais il se fait en outre un certain idéal,
Un goût propre et plus vif pour tel point ou tel autre,
Et qu'il faut cultiver, même en dépit du nôtre :
C'est la vocation, c'est un appel divin,
Tantôt impétuenx, tantôt doux et bénin.
Dieu désigne à chacun le chemin qu'il doit suivre
Pour vivre heureux sur terre, et même se survivre.
Voyez donc en vos fils de quel emploi distinct
Le ciel en les créant leur a donné l'instinct :
Car s'ils ne sont instruits suivant leurs aptitudes,
Ils tirent peu de fruits des meilleures études.

Que s'ils n'accusent point de goût particulier,
De leur père avant tout montrez-leur le métier :
C'est à lui très souvent que va la préférence,
Et l'on fait toujours bien ce que l'on fait d'enfance.

Oui, tout succès nous vient d'un bon commencement,
Et l'humble instituteur fonde l'enseignement.
Assurez à chacun les études primaires,
Avant tous ces grands cours si bien dits secondaires.
Le collège et l'école ont des soins différents :
L'une parle aux petits, l'autre s'adresse aux grands.
Elle a donc le cœur tendre et l'amour d'une mère,
Il a donc l'esprit ferme et la raison d'un père.
L'école instruit surtout le vulgaire indigent ;
Le collège est au riche, au monde dirigeant.
Laissez à chacun d'eux ses maîtres, sa méthode,
Et ne les mêlez point comme c'est trop la mode.
Donnez l'enseignement suivant l'âge et l'état :
Dans l'école un fonds brut, au collège l'éclat ;
Ici, des abrégés et des leçons pratiques ;
Là, des traités complets, des cours philosophiques ;
Celle-ci dit comment, et celui-là pourquoi ;
L'une enseigne la règle et l'autre appprend la loi.
Or, il importe moins de scruter dès l'enfance
Les intimes secrets, le fond de la science,
Que d'apprendre à l'aimer, à la chercher tout seul,
A secouer soi-même et langes et linceul.
Enseignez à l'enfant ce qu'il n'a pu comprendre,
Mais d'abord avec soin montrez-lui l'art d'apprendre.

Cet art, ce don suprême, il consiste avant tout
Dans l'ordre et la méthode aux choses qu'on résout.
L'ordre est le grand secret, la loi de la Nature ;
Et dans son vaste plan la moindre créature
A sa place et son rôle assignés et constants.
Distribuez comme elle et l'espace et le temps ;
Que dans votre maison, bureau, boutique ou classe,
Toute affaire ait son heure et tout objet sa place.
Le temps est un trésor : dressez-en le budget,

Fixez-y des leçons l'instant et le sujet.
Et de peur que le zèle ou l'oubli n'y déroge,
Ornez de ce tableau la vigilante horloge :
Ces deux régulateurs agissant de concert
Tout progresse à la fois, nul moment ne se perd ;
Et sans bruit ni retard, sans fatigue inutile,
On fait plus vite et mieux un travail plus facile.

Mais fuyez la routine et suivez le progrès ;
Et, sans trop de fracas ni d'essais indiscrets,
Sachez, comme un chanteur qui fugue et qui module,
Des vieilles vérités rajeunir la formule.
La variété charme et repose l'esprit ;
C'est à changer de mets qu'on reprend appétit.
Mais n'allez pas troquer de méthode à toute heure :
Celle qu'on sait le mieux est toujours la meilleure.
Imitez la nature où, dans le cours des temps,
Les êtres sont divers, mais les types constants.

Rendez comme elle aussi votre science aimable.
Uniforme et diverse, elle n'est qu'agréable.
N'en montrez que l'aspect, les principes certains,
Peu nombreux, mais très clairs, peu relevés, mais
Si ce n'est qu'une lune, on dort à sa lumière ; [sains,]
Mais si du jour naissant c'est l'aube avant-courrière
Qui brille dans vos yeux, sur vos lèvres sourit,
Alors en vous aimant l'élève la chérit.
Vous en êtes toujours solidaire et comptable :
C'est l'aimable régent qui rend l'étude aimable.
Voyez plutôt la mère, avec quel art secret
Elle infuse à l'enfant un savoir plein d'attrait !
Elle cause, elle rit ; toute étude nouvelle
Coule comme le lait de sa tendre mamelle.
Imitez-la, causez ; et puis aux facultés
Mesurez la science et ses difficultés.
Allez de ce qu'on sait à ce que l'on ignore,
Et n'offrez point aux yeux le jour avant l'aurore :
Trop de lumière offusque et peut même aveugler.
Le maître sur l'enfant doit toujours se régler,

Et le tenir en tout au-dessus de sa tâche :
S'il en est écrasé, son esprit se relâche.
Il ne faut pas vouloir en quittant le téton
Faire asseoir un marmot au banquet de Platon.
Mais gardez-vous aussi de lui parler sans cesse ;
Le maître qui dit tout engendre la paresse.
Exigez des efforts et des soins personnels :
La peine et le profit sont proportionnels.
La science est un bien qu'il faut gagner soi-même ;
Plus on l'a payé cher, plus chèrement on l'aime.
Ce qu'on trouve par soi se retient toujours bien,
Et qui n'apprend rien seul ne saura jamais rien.

A quoi sert donc un maître ? A paître son école
Dans un gras pâturage ; à porter sur l'épaule
Un agneau qui s'égare ; à frayer un sentier
Qu'élargit pas à pas le troupeau tout entier.
Laissez contre le Sphinx un enfant faire rage,
Et ne l'aidez enfin que lorsqu'il perd courage.
Le bambin qui s'éveille est conduit à la main
Par demande et réponse aux trois quarts du chemin ;
Mais un adolescent doit avoir d'habitude
Rare et courte leçon, longue et fréquente étude.
Car la leçon, c'est vous, c'est le maître parlant,
Traçant la route à suivre, éclairant, stimulant ;
Mais l'étude, c'est lui, c'est l'élève à l'ouvrage,
Qui bâtit sur vos plans, se moule à votre image.
La classe, pour l'enfant, c'est dans l'instruction
Un repas dont l'étude est la digestion.
L'esprit comme le corps mange et se désaltère :
Or le mets qui profite est celui qu'on digère.
Soyez comme Socrate un accoucheur d'esprits ;
Et pour vous assurer que l'enfant a compris,
Forcez-le de parler, et sans impatience
Attendez qu'il réponde et forge la science.
Le bon maître est celui qui, sans vouloir briller,
Parle très peu lui-même et fait beaucoup parler :
Je dis parler tout seul, phraser, et non d'un livre
Réciter sottement les mots, qu'il n'a qu'à suivre.

Veuillez que tout devoir en sa fidélité
Garde encore un cachet d'originalité,
Et ne tolérez point le plagiat servile
D'un élève qui triche, et compulse, et compile.
Supportez moins encor ce malheureux grimaud
Qui, par un déplorable et trop commun défaut,
Brouillant, léchant, peignant et grattant avec zèle,
Met tout dans ses cahiers et rien dans sa cervelle.
Ce travail-là n'est rien que paresse d'esprit,
Et le savoir est vain qu'on lit et qu'on écrit ;
C'est de tête et par cœur qu'il faut qu'on le possède.
L'enfant doit en leçon parler seul et sans aide ;
Dès qu'on souffle, il ânonne, il bronche à chaque pas,
Donnez toujours le ton, mais ne serinez pas.

Le livre est cependant un maître habile et sage
Dont l'abus n'exclut point le salutaire usage ;
Un maître universel, méthodique et profond,
Qui sans impatience et répète et répond ;
Un maître toujours prêt, toujours infatigable,
Qui ne coûte pas cher quoiqu'il soit très capable ;
Un maître impartial, doux, grave, et qui plaît fort
A tout âge, à tout sexe, enfin sous tout rapport.
C'est l'ami des amis. Heureux le jeune élève
Qui l'aime avec ardeur, qui nuit et jour en rêve,
Qui ne sait pas de jeu ni de plaisir plus grand
Qu'un beau livre où tout seul il apprend et comprend !
Là, sans bruit ni fatigue, il complète, il abrège
Ce qu'avec tant de peine on lui montre au collège ;
Là, sage quoique libre, il travaille à loisir,
Par suite avec ardeur, et profit, et plaisir ;
Là, changeant à son gré de maître et de science,
Tantôt de Massillon il apprend l'éloquence,
Les nombres de Pascal, l'histoire de Rollin ;
Tantôt de maint chef-d'œuvre étranger, grec, latin,
Il s'instruit en français, lit Plutarque, Virgile,
Le Tasse, Cervantès, Milton, et l'Evangile.
Ici, comme un Dauphin, il a pour précepteurs
Bossuet, Fénelon ; et là, fait ses recteurs

Enfant de La Fontaine, homme de Labruyère ;
Il pleure avec Corneille et rit avec Molière.
Le siècle de Louis est une antiquité :
Nourrissez-en l'élève avant qu'il ait goûté
Les chefs-d'œuvre illustrés de la muse moderne,
Avant qu'il ait ouvert Hugo ni Jules Verne ;
Car il serait trop tard s'il prenait ce chemin :
Le meilleur vin est fade après l'esprit de vin.

Qu'il est heureux, l'enfant, devant ces grands ouvrages
Où sont des lieux décrits les splendides images !
Quels maîtres à ceux-là peuvent bien s'égaler ?
Qui sut jamais comme eux plaire, peindre et parler ?
Donnez-en donc le goût et la passion même ;
Mais portez dans le choix une prudence extrême.
Tout écrit n'est pas bon pour le cœur et l'esprit ;
Le mal comme le bien s'imprime et se décrit.
Que du livre avant tout la morale soit pure,
Le style simple et clair, la science très sûre ;
Et qu'ensuite il soit beau jusque dans ses dehors,
Couverture et papier, caractère et décors.

Quoi que vous enseigniez, science, art, industrie,
Mettez-y la pratique avant la théorie.   [tron,]
L'œuvre instruit l'ouvrier beaucoup mieux qu'un pa-
Et ce n'est qu'en forgeant qu'on devient forgeron.
Ce n'est pas qu'il ne faille enseigner les principes,
Et fournir aux enfants des modèles, des types :
L'idéal dort encor dans leur cœur sans amour,
Il faut bien l'éveiller en y portant le jour.
Mais, sans faire de l'homme une pure machine,
Laissez-le quelque temps travailler de routine ;
Il saisira mieux l'âme ayant touché le corps.
Je dis plus : nos talents ne sont vrais, ne sont forts
Que lorsque la pratique en devient machinale.
L'orthographe, à la fin, n'est plus grammaticale,
Le calcul réfléchi, le dessin imité :
Tout semble naturel, on a tout inventé.

C'est pourquoi revenez sur les leçons passées,
Sous un nouvel aspect chaque fois retracées ;
Et stimulez souvent l'amour-propre et l'esprit
Par l'examen oral et le concours écrit
Le travail y grandit, la paresse y recule,
Et bien souvent le maître instruit moins qu'un émule.
Mais ne rabâchez point, ne faites point bâiller
Ni piétiner sur place à vous répétailler.
Allez-y de l'avant : l'élève s'intéresse
Quand il voit du nouveau, quand il sent qu'il progresse.
Alors il marche, il court, il vole plein d'ardeur ;
Il apprend plus tout seul qu'avec le professeur.

Oui, l'émule est un maître, un stimulant modèle.
Pourtant, n'adoptez pas l'école mutuelle,
Où les grands aux petits transmettent leur savoir,
Elèves le matin et professeurs le soir :
Asinus asinum.... Non, le talent suprême,
C'est de tout enseigner et tout voir par soi-même.
Il ne faut aux enfants ni pion ni professeur,
Mais un maître pratique, un sage instituteur
Qui, sans se faire aider ni servir qu'à grand'force,
Dépouille le savoir de sa plus rude écorce,
Et leur en donne à tous, simple, mais sûre au moins,
La dose nécessaire à tous leurs vrais besoins.
Suivant l'âge et la force, il faut qu'un maître groupe
En cercles peu pressés sa trop nombreuse troupe,
Et que, prenant pour aide à peine son aîné,
Il leur fasse lui-même un cours simultané.
Tel un amant de Flore, en sa riante serre
Ou dans les frais détours d'un suave parterre,
Dispose par tribus, saisons, formes, couleurs,
Et rassemble en bouquets ses mille aimables fleurs ;
Puis, d'un simple manœuvre aidé vaille que vaille,
Lui-même les cultive, arrose, greffe, taille.
Chaque cercle d'enfants doit ainsi tour à tour
Passer devant le maître au moins deux fois le jour.
Partagez, s'il le faut, la classe en demi-heures :
Les plus courtes leçons pour eux sont les meilleures.

L'enfant n'est pas capable encor d'efforts constants ;
Parlez-lui très souvent plutôt que très longtemps.

Enseignez tout d'abord une exacte lecture
Qui mène à l'orthographe ainsi qu'à l'écriture.
Faites lire à voix haute et comme on doit parler,
D'un geste aisé, d'un ton facile à moduler :
Lecture intelligente autant qu'intelligible,
Qui rende la pensée et sonore et visible.
Qui lit mal ne lit guère, et dans ses vains loisirs
Ne goûte bientôt plus que les grossiers plaisirs.
C'est peu de savoir lire : il faut aimer le livre ;
La lecture est un vin dont le sage s'enivre.
Or, pour y prendre goût, pour en boire, il suffit
D'y trouver du plaisir ainsi que du profit.
N'offrez donc à l'enfant qu'une pure ambroisie,
Que chefs-d'œuvre de style, ou prose, ou poésie ;
Meublez-en sa mémoire, afin que son discours
En prenne la clarté, l'élégance et les tours.

Que l'écriture aussi soit élégante et vive,
Mais avant tout lisible, et française ou cursive,
Sans tous les traits chinois ni la vélocité
Qui font peindre une énigme et signer un pâté.
N'imposez pas un genre, un modèle uniforme ;
Mais laissez à chacun, sans différence énorme,
Son cachet personnel, son parafe arrêté
Qui ne puisse être un jour aisément imité.
Ne gâtez pas la main dès que la langue ânonne
Par cent devoirs écrits, cent pensums qu'on griffonne.
Il suffit que toujours les devoirs soient donnés
Tout aussi bien écrits qu'ils sont bien raisonnés.

C'est du dessin déjà qu'une belle écriture,
Mais cet art merveilleux veut une autre culture.
Il faut, avant d'unir la règle et le compas,
Que la main sache au vol tracer un canevas,
Et que l'œil exercé juge bien à distance
Du rapport des grandeurs et de leur différence.

Alors tous les enfants, ces futurs ouvriers,
Devront voir le dessin des arts et des métiers.

Le calcul rigoureux est l'œil clair des sciences,
La porte du commerce et la clef des finances ;
Mais si l'on y raffine il devient exclusif,
Il rend le cœur trop sec, l'esprit trop positif.
Bornez-en la culture aux seuls besoins vulgaires,
Achat, vente, intérêt, simple journal d'affaires ;
Calcul mental rapide, à grand tort négligé ;
Mesurage métrique, arpentage abrégé.

L'histoire est une école où Dieu lui-même enseigne,
Ecole mutuelle où le tumulte règne,
Mais où bon gré mal gré tout homme doit venir,
Elève du passé, maître de l'avenir,
Recevoir ou donner des leçons salutaires
Et conseiller ses fils ou consulter ses pères.
Que l'histoire avant tout de la religion,
L'histoire du pays et de la nation,
Dans un récit vivant, puis un bref catéchisme,
Soit un cours de morale et de patriotisme ;
Et non pas un index aride et fastueux
De dates, et de faits, et de noms des aïeux.
Portez-y l'œil du temps, le doigt du géographe,
Mais sans jamais en faire une froide épitaphe.
Il faut chercher l'effet plus que l'enchaînement,
Et conter à grands traits les grands faits seulement,

Telle est aussi la loi de la géographie.
Laissez la statistique et la philosophie,
Mais confiez à l'œil ce qu'on en doit savoir ;
Et veuillez que l'enfant, ami du tableau noir,
D'un trait rapide et sûr y croque ou développe
Sa ville, sa province, et la France, et l'Europe,
Enfin le globe entier, soit tel que Dieu l'a fait,
Soit tel qu'aux mains de l'homme il devient en effet.
L'histoire et le dessin, que ce jeu fortifie,
Sont les yeux pénétrants de la géographie.

Rappelez sur un nom quelques faits importants,
Les gloires du pays, les mœurs des habitants ;
Parlez de leur commerce, industrie et culture,
Et faites-y partout admirer la nature.

Mais n'allez pas chanter des hymnes triomphants,
De grands cours de science à des petits enfants :
Ils vous sont interdits, et pour beaucoup de causes.
Bornez votre science à des leçons de choses ;
Entretiens familiers sur cent sujets divers,
Où l'on peut à son gré parcourir l'univers ;
Physique, astronomie, histoire naturelle,
Droit, chimie, hygiène, invention nouvelle ;
Disant à nos enfants d'où vient, comment se fait
Le pain qui les nourrit, l'habit qui les revêt ;
Comment vole la mort au souffle de la poudre,
Et la pensée au loin sur l'aile de la foudre ;
Comment la nuit au jour et l'hiver à l'été
Succèdent sans erreur et sans caducité ;
N'offrant de la science, en tout, que les merveilles,
Comme le miel des fleurs que sucent les abeilles,
Sans prétendre en sonder les sombres profondeurs
Comme un froid Jussieu qui viole les fleurs.

CHANT III

Le Cœur, ou Education morale

Tout bon enseignement doit élever l'enfance
Et donner la vertu pour fruit de la science.
Or, nous nommons vertu cette force du cœur
Par qui l'âme, au regard du monde extérieur,
Soit qu'elle aille vers lui, soit qu'il vienne vers elle,
L'évite ou le poursuit, le repousse ou l'appelle.
Passive, il faut régler sa sensibilité ;
Active, diriger sa libre volonté.
Si le père trop faible ou le maître inhabile
Négligent ces deux points, le reste est inutile.
En vain prennent-ils soin de l'esprit et du corps :
Ils ont de tout progrès brisé les grands ressorts.
Le vice, qui s'infiltre au cœur de leur élève,
Y détruit la science ou bien en fait un glaive,
Un instrument de mort dans ses robustes mains,
Funeste pour lui-même et pour tous les humains.
Mais quand la loi morale et l'intellectuelle
Se prêtent, en famille, une aide mutuelle ;
Quand l'enfant, à l'école, y trempe et fait sacrer
Epée et bouclier, pour porter ou parer,
Alors il est un homme, un chrétien philosophe,
Qui, vivant sans fracas, mourant sans catastrophe,
Passe en faisant le bien, laisse un parfum de soi,
Et gagne enfin le port indiqué par la foi.

Cultivez donc le cœur ; donnez-lui la sagesse
De sentir et vouloir sans excès ni faiblesse.

C'est le point capital, mais pénible entre tous,
Un vrai point, une crête, un pont sans garde-fous.
Toute humaine vertu chemine entre deux vices,
Comme dans un sentier bordé de précipices ;
Et l'homme, funambule allant de ci de là,
Ou pilote jeté de Charybde en Scylla,
Ne peut faire trois pas que deux il ne chancelle.
Sa faiblesse est fatale autant qu'originelle.
Boussole et balancier peuvent le garantir,
Mais il faut dès l'enfance apprendre à s'en servir ;
Il faut s'accoutumer à garder l'équilibre
Dans cet étroit milieu : du reste, esclave libre ;
Car tout n'est qu'habitude, et, s'incarnant en nous,
La pratique du bien le rend facile et doux.

Or, le bien, ici-bas objet de tant de peine,
A lui-même une fin : il doit, sublime graine,
Reproduire là-haut un être plus parfait.
Un homme en est l'agent, un saint en est l'effet.
Aussi le fondement et la pierre angulaire
De l'éducation, c'est une foi sincère :
Foi chrétienne ou foi juive, il n'importe ici-bas ;
Le grand malheur moral est de n'en avoir pas.
Car s'il n'est point de Dieu, si l'âme n'est qu'argile,
Que sert d'être honnête homme ? Il suffit d'être habile.
La vertu n'est qu'un nom quand elle est sans espoir,
Et le vice affranchi devient presque un devoir.
Je sais que l'intérêt et la philosophie
Ont aussi leurs vertus : mais là, je m'en méfie !
L'enfant, vif et léger, sans plan, sans horizon,
Ne sent pas l'intérêt, n'entend pas la raison.
La religion seule, apprise dès l'enfance,
Peut armer du remords la juste conscience ;
Seule, déracinant les vices combattus,
Elle offre un sûr asile à toutes les vertus.

La première à cet âge, en tout temps la plus sainte,
Que flétrit tout contact et souille toute atteinte,
C'est la fragile fleur de la virginité.

Ah ! c'est ici surtout qu'il faut la piété !
Pourtant elle n'est pas elle-même infaillible ;
Il faut tout employer contre ce mal terrible
Qui détruit la famille et la société,
Surtout quand il éclate avant la puberté.
Il faut, pour en couper les funestes racines,
Tous les efforts humains joints aux grâces divines :
Grand soin de préserver son corps, ses vêtements,
De toutes nudités, de tous attouchements ;
Horreur du mot impur et de l'obscène image ;
Activité constante au jeu comme à l'ouvrage ;
Lit dur et court sommeil, vin sobre et bonne humeur.
Si vous voyez l'enfant, inquiet et rêveur,
Chercher la solitude, une main dans sa poche,
Prenez garde ! le mal est fait, ou bien est proche.
Mais craignez tout autant les promiscuités,
Les folles amitiés, les chaudes privautés ;
Et préservez l'enfant des bals, cafés, spectacles,
Remplis, sinon d'écueils, du moins de mille obstacles.

N'allez pas toutefois par d'imprudents soupçons
D'un mal qu'il ignorait lui donner des leçons.
N'oser dans aucun jeu mêler garçons et filles,
Que la nature unit dans le sein des familles,
C'est un scrupule vain, déjoué quelque jour,
Qui peut faire un volcan d'un innocent amour.
Soyez seulement simple, et naturel, et sage,
Prudent sans pruderie, et jaloux sans ombrage.

Je vous conseille aussi, dans ce grave embarras,
Pour conjurer l'amour de régler le repas :
Car l'un conduit à l'autre, et de l'incontinence
Le plus vif aiguillon est dans l'intempérance.
Volontiers chez l'enfant on flatte ce défaut.
Il disparaît, dit-on, à quinze ans, et plus tôt.
C'est une grave erreur ; il grandit, au contraire,
Devient vice, enfouit l'âme dans la matière,
Allourdit tous les sens, épaissit le cerveau,
Et peut comme Circé changer l'homme en pourceau.

La paresse sans cœur n'est pas moins impudique.
Accoutumez l'enfant au travail domestique,
A façonner la terre, ou le fer, ou le bois,
A faire de bonne heure œuvre de ses dix doigts ;
Et veuillez que, plus âpre encore à bien s'instruire,
Il sache pour dix ans lire, chiffrer, écrire ;
Pour vingt, à ses besoins égaler ses pouvoirs,
Connaître tous ses droits, remplir tous ses devoirs.
Chez quelques-uns pourtant la paresse est forcée :
On cultive sans goût le champ de la pensée
Quand l'esprit, la mémoire et le sens font défaut.
Ne donnez à ceux-là que juste ce qu'il faut ;
Soyez-y simple et clair, agréable et pratique,
Et parlez à leurs yeux si l'âme est apathique.
Il n'est pour un bon maître esprit si froid, si lourd,
Qui puisse à tout progrès rester aveugle et sourd.
Bien des leçons, d'ailleurs, que prise notre époque,
Sont d'une utilité pour le moins équivoque ;
On veut tout embrasser, et tant d'objets ont plu
Qu'on perd le nécessaire à voir le superflu.

Chassez donc la paresse et l'épaisse ignorance ;
Mais craignez tout autant l'orgueil de la science.
Il perdit Lucifer et la race d'Adam,
Rend l'écolier rebelle et le maître pédant,
Fait d'un chrétien fidèle un philosophe impie,
Et met tout en système, hypothèse, utopie.
On n'est pas toujours humble à faire humble métier :
Tout âne est entêté, tout épi vide altier ;
Mais l'orgueil ignorant est toujours subalterne,
Et c'est l'orgueil savant qui complote et gouverne.
Etouffez dans son germe un mal si dangereux,
Des esprits infernaux seul lien ténébreux.
Si votre enfant, doué de rares aptitudes,
Brille par ses vertus ou de fortes études,
N'allez point le combler d'éloges et de prix
Qui gonfleraient son cœur, de vaine gloire épris :
Un sourire, un baiser, un doux mot doit suffire.
Si l'enfant, au contraire, est rebelle à s'instruire,

Si pour son esprit lourd et pour son cœur trop bas
L'étude est sans attrait, la vertu sans appas,
Soyez ferme et sévère, et jusques à la verge
Veuillez qu'à l'amender tout concoure et converge.
Mais joignez la prudence à la sévérité :
L'humiliation détruit l'humilité.
Gardez-vous d'étouffer par la rigueur extrême
La modeste fierté, l'estime de soi-même ;
Vainement du respect vous prêcheriez la loi :
On n'a point pour autrui ce qu'on n'a pas pour soi.
Et pour que la fierté soit juste et légitime,
Laissez, tant que ses pas ne vont point à l'abîme,
Laissez l'enfant agir en toute liberté :
Un libre essor peut seul former la volonté.
Si de cinq à vingt ans vos malheureux disciples
Gémissent écrasés sous vos ordres multiples,
S'ils n'osent rien vouloir ou s'ils ont toujours tort,
Quelle force auront-ils plus tard, et quel ressort ?
L'homme reste un enfant, ou plutôt une femme
Qui tombe au premier mot d'un séducteur infâme ;
Ou bien, tout au contraire, affranchi brusquement,
Votre fils, jusque-là bon, docile, charmant,
De la liberté sage ingnorant l'exercice
Comme un cheval fougueux se lance au précipice.

Oh ! qu'ils en ont perdu de ces faibles raisons
Ces collèges-couvents, ces écoles-prisons
Où des maîtres tyrans se targuent d'être pères !
Et l'on se plaint chez nous du peu de caractères....
Ah! nous n'en verrons point, le temps qu'en bas prévaut
Le despotisme étroit qu'on a détruit en haut !
Il pouvait être bon sous un prince autocrate
Qui seul pensait, voulait pour un peuple automate ;
Mais aujourd'hui qu'on vote et que le peuple est roi,
Chacun doit y voir clair et décider par soi.
Un tranchant despotisme, un muet arbitraire
Aliène le cœur, aigrit le caractère ;
Et l'enfant qui grandit dans les ressentiments
Y prend un air sournois et perd tous agréments.

Sa gaîté naturelle et sa noble franchise
Expirent sous vos yeux, dont l'éclair tyrannise.
Or, quel bien pourrez-vous, insensé précepteur,
Lorsque vous l'aurez fait hypocrite et menteur ?
Quand vous ne connaîtrez, pour choisir sa carrière,
Ni ses goûts ni ses vœux ? quand la fille à sa mère
N'osera dire un mot sur le choix d'un époux,
Et cachera peut-être un amour triste et doux ?
Ah ! gagnez des enfants l'entière confiance !
Elle vaut cent fois mieux qu'aveugle obéissance.

Prenons garde pourtant, et n'exagérons rien :
L'obéissance aussi mène l'enfant au bien.
Jusque vers quinze ans même il faut qu'elle domine ;
Mais qu'une raison sage en tout temps l'illumine.
Si la crainte ou l'amour font la docilité,
Vous semez la faiblesse ou la servilité.
Ces mobiles sont bons quand la raison sommeille,
Mais trop insuffisants le jour qu'elle s'éveille.
Unissez-les tous trois, et vous aurez un peu
De ce respect sacré que nous portons à Dieu.
Il est d'un ordre exprès des raisons inutiles
Qui rendraient les enfants ergoteurs indociles ;
Mais il en est aussi qui les font obéir
Et sur toute action prudemment réfléchir.
L'absolutisme froid ne vaut pas mieux, en somme,
Pour élever l'enfant que pour gouverner l'homme.

Je n'en finirais pas, s'il me fallait traiter
De toutes les vertus qu'on doit alimenter.
C'est l'amour de tout bien et l'horreur de tout vice
Qu'on doit à l'homme enfant : la bonté, la justice,
La probité sans tache avec la bonne foi,
Les égards pour autrui joints au respect de soi,
La prudence au danger et le ferme courage ;
Et, pour dire en un mot tout ce qui fait le sage,
Ce sentiment profond, cet amour du devoir
Qui ne nous laisse heureux que s'il peut prévaloir.

Si dans un jeune cœur les vertus font leur gîte,
Les simples qualités y naîtront à leur suite :

Car la civilité, la grâce, l'enjoûment
En sont l'aimable fleur et le parfum charmant ;
Tout comme les défauts sont les dehors du vice,
Chargés d'en dénoncer l'horreur et la malice.
Mais sachez qu'en retour, s'il n'est point combattu,
Le défaut mène au vice et ternit la vertu.
Que vos enfants soient doux, propres dans leur tenue,
Discrets dans le babil de leur langue ingénue ;
Craintifs, et point poltrons; naïfs, et point niais ;
Vifs, remués, et francs comme de vrais Français ;
Qu'ils soient fiers de ce nom, que toujours ils l'honorent
A l'égal de leur père et du Dieu qu'ils adorent.

Voilà du grand sujet de tous nos entretiens
Les fins et la matière ; en voici les moyens.

Le premier est l'exemple et les mœurs domestiques,
Doux gage et sûr garant des dévoûments civiques.
Relevez la famille et ses saintes douceurs,
L'honneur du nom, l'amour entre frères et sœurs.
Que le père y soit craint et la mère chérie.
Et puis partez de là pour vanter la patrie,
Pour graver dans les cœurs ses lois, succès, revers,
Sans éloges trop vains ni blâmes trop amers.
Et quand plus que soi-même on chérira la France,
Allez plus loin encore, et montrez à l'enfance
Au-dessus du pays toute l'humanité
Escaladant le ciel et l'immortalité.
Mais ne lui prêchez pas un cosmopolitisme
Qui détruit tout courage et tout patriotisme.
Il faut du positif dans l'éducation,
Et le rêve est mauvais même en religion.
Un bâtard sans famille, un chrétien sans Eglise,
Un soldat sans drapeau, sont des gens qu'on méprise.

Soyez de votre enfant l'exemple en tout devoir :
Car il réfléchit peu, sinon comme un miroir.
Est-ce au maître égoïste à commander qu'on s'aime ?
Est-ce au curé gourmand à prêcher le carême ?

Et la mère impudique ou le père voleur
Peuvent-ils enseigner la décence et l'honneur ?
Non, c'est de ce qu'il voit que l'enfant s'autorise.
Malheur, dit Jésus-Christ, à qui le scandalise !

Mais l'exemple du maître est trop grave et trop haut ;
Ce n'est pas celui-là, bien souvent, qui prévaut :
C'est des amis de jeu, des compagnons d'études
Que l'enfant suit l'exemple et prend les habitudes.
Oh ! l'émulation, quel tout puissant ressort !
Rien n'est pire ou meilleur ; c'est la vie ou la mort.
Mais c'est plutôt la vie, et je veux que l'enfance
En éprouve à tout bien l'efficace influence.
L'émule le séduit, le maître lui fait peur ;
Il ne va qu'à l'esprit, et l'autre parle au cœur.
L'enfant qui, toujours seul, comme un merle en sa cage,
D'un précepteur sévère apprend tout son ramage,
S'ennuie et s'alanguit : il lui faut des rivaux.
C'est par eux qu'il progresse en ses nobles travaux.
Le foyer, ah ! je l'aime, et certes je préfère
Les genoux de l'aïeul et le sein de la mère
Au fracas de l'école, au doigt du magister :
Mais je veux que l'enfant, noble sans être fier,
Riche, unique, sans faire un petit personnage,
Fréquente les enfants et les jeux de son âge.
Le meilleur serait bien douze frères et sœurs,
Comme au temps de Jacob : rien ne vaut ces douceurs.
Mais ce temps-là n'est plus ; puis les vertus morales
Ne naissent pas toujours des mœurs patriarcales :
Les frères de Joseph en sont de bons témoins.
La famille a souvent trop d'amour, trop de soins,
L'enfant s'y voit trop maître : il lui faut une école ;
C'est là son élément, là qu'il nage et qu'il vole,
Là qu'en toute science et dans toute vertu
Il s'avance tout droit par un sentier battu.

Oui, l'étude et l'école à tous sont nécessaires ;
C'est le noviciat du monde et des affaires.
Instruisez votre fille autant que votre fils :

La famille et l'Etat y font mêmes profits,
Et les temps à venir vaudront mieux que le nôtre.
Car les époux instruits, plus dignes l'un de l'autre,
Plus sages, plus unis, élèvent beaucoup mieux
De plus nombreux enfants, Français plus glorieux.
Moquez-vous des railleurs de la femme savante :
Celle du grand Molière, au fond, n'est qu'ignorante.
Sans aimer plus que lui la pédante bas-bleu,
Nous croyons la science utile au pot-au-feu,
Et que le genre humain se fait un tort extrême
En laissant dans la nuit la moitié de lui-même :
C'est se crever un œil ou se couper un bras.
Que la femme docteur ne vous choque donc pas.

Gardez-vous toutefois du pensionnarisme,
Ce reste malheureux de l'ancien monachisme.
Il nuit à la famille, et souvent à la foi :
Soit dit malgré les cris qu'il peut jeter sur moi.
L'enfant, claquemuré dix mois entiers sur douze,
N'éprouve pour les siens qu'une amitié jalouse.
Puni de ses recteurs, gâté de ses parents,
Il trouve dans ceux-ci que ceux-là sont tyrans.
Elevez, ô parents, vos enfants par vous-mêmes !
Qu'ils soient vos vrais trésors et vos plaisirs suprêmes !
Nul devoir n'affranchit du premier des devoirs.
Vous ne pouvez pas plus abdiquer vos pouvoirs
Que le sang, que les traits, que le doux nom de pères.
Si vous les confiez à des mains étrangères,
Du moins surveillez-les, et que ce soit toujours
Pour un objet précis et des moments très courts.
Secondez le régent : sans vous, il perd sa peine.
Relevez avec soin le livret de semaine,
Ce précieux dossier, ce grand-livre moral
Des progrès de l'enfant dans le bien ou le mal.
Mais, quel que soit le compte, exigez que la grille
Rende au moins les saints jours l'enfant à sa famille,
Et que de ses congés il passe l'heureux temps
Au foyer paternel, aux ateliers, aux champs.

Nos fils sont élevés trop loin de la nature.
Ils en entendent bien l'éloge et la peinture ;
Dans le cabinet même ils en scrutent les lois :
Mais que tous vos tableaux, ô poètes, sont froids !
Que vaines, ô docteurs, vos formules savantes,
Près des réalités et des scènes vivantes !
Rien n'est moralisant comme un ruisseau vermeil,
Un pur et frais zéphyr, un lever de soleil.
Les fruits dans le verger et le vin dans les cuves
D'une foi naturelle ont de secrets effluves ;
Et l'enfant qui grandit dans cet heureux milieu
Est chrétien, même avant que de connaître Dieu.

Joignez-y cependant la Bible et l'Evangile,
Sans qui la vertu même est un meuble inutile.
Si le concours du père est d'ordre essentiel,
Que sera-ce de Dieu, le Père universel ?
La voix la plus savante en vain frappe l'oreille,
En vain l'on offre aux yeux merveille sur merveille :
S'il n'éclaire l'esprit, s'il n'échauffe le cœur,
S'il n'achève, en un mot, son travail créateur,
L'enfant reste noué de vice et d'ignorance ;
L'animalité seule y prend de l'accroissance.
Que Dieu parle, au contraire, et votre fils chrétien
S'élance avec ardeur dans la route du bien.
Mais distinguez sa voix du jargon détestable
Qui nous peint le bon Dieu plus méchant que le diable,
Nomme vertu l'air prude et foi le préjugé,
Rend les fils de l'Eglise esclaves du clergé,
Et pervertit le cœur à force de scrupules,
Autant que les leçons des docteurs incrédules.

L'étroit et faux dévot, par exemple, défend
Le culte des beaux-arts, le progrès triomphant.
Le luxe est anathème et la mode immorale ;
On n'est chrétien pour lui qu'en robe monacale.
Insensé ! les beaux-arts embellissent les mœurs,
Et cultivés en grand agrandissent les cœurs.
Un artisan grossier, qui pétrit la matière
Sans plus savoir pourquoi que son âne la terre,

N'en tire comme lui que l'aliment du corps ;
Mais le cœur de l'artiste y goûte sans remords
Le nectar immortel, la divine ambroisie,
C'est-à-dire le beau, de tout bien poésie.
Tout art, tout métier même, est grand, noble, moral,
Sitôt que du parfait il poursuit l'idéal.
Le parfait, dans les arts et dans toute science,
Qu'est-ce, que la nature, œuvre éternelle, immense,
Que Dieu comme un modèle a mise sous nos yeux,
Et qu'il veut que chacun imite de son mieux ?
Tel, dans l'ordre moral, il s'impose lui-même
Pour exemple obligé, pour idéal suprême :
Jésus est l'homme-type à qui doit ressembler
Le bloc de marbre humain qu'il vous donne à tailler.

Ayez, pour en dompter les vives résistances,
De justes châtiments, de douces récompenses :
Car l'enfance a trop peu l'appétit ou l'horreur
Du bien pour sa beauté, du mal pour sa laideur.
Il est tel caractère ou nature insoumise
Sur qui le sentiment ni la raison n'ont prise :
Frappez, pères ! donnez ce qu'au maître on défend.
« La folie est liée au cœur de votre enfant, »
Dit la Sainte Ecriture, où Dieu même en témoigne ;
« Et c'est du châtiment la verge qui l'éloigne. »
La verge, entendez-vous ? et non pas seulement
La plainte, la menace ou le vain grondement.
La plupart des enfants, timides et sensibles,
A des moyens plus doux sont d'ailleurs accessibles :
Humble aveu de la faute, où le pardon se joint,
Réprimande, froideur, pensum et mauvais point,
C'est assez, si d'ailleurs prompt, ferme, rare, digne,
Le châtiment est juste, et n'est jamais le signe
D'un caprice du maître, un fol emportement.
Laissez toujours passer le premier mouvement :
Le vôtre d'injustice a peine à se défendre,
Et l'enfant dans le sien ne saurait vous comprendre.
La peine la plus forte à ses yeux, bien souvent,
C'est de prix mérités un espoir décevant.

Etes-vous satisfait ? levez la pénitence ;
Etes-vous mécontent? ôtez la récompense.

Car il en faut, des prix ; et l'éducation
Y gagne toujours plus qu'à la punition.
Si l'homme dans le monde aime ces glorioles,
Palmes, galons, rubans, l'enfant de nos écoles
Peut bien les rechercher, lui vain, mais libre encor
De la faim des grandeurs et de la soif de l'or.
Gardez bien seulement que nulle récompense
Ne lui semble un salaire escompté par avance ;
Soyez-en sobre, afin d'en décupler l'effet ;
Et faites que souvent, utile et bel objet,
Même pour les parents dans la fête publique,
Elle soit un honneur, une palme civique.

C'est pourquoi j'y voudrais, dans l'Université,
Un peu moins de justice avec plus d'équité.
Voyez-vous ces enfants, superbes ou stupides,
Quatre chargés de prix, quarante les mains vides ?
Voyez-vous leurs parents, comme eux la larme à l'œil,
S'en aller le cœur gros de colère ou d'orgueil ?   [se]
D'où vient ce dur contraste ? Eh ! c'est qu'on récompen-
Bien plus que le travail l'heureuse intelligence.
Ah ! couronnez l'ardeur, l'effort persévérant.
Le progrès est parfois plus réel qu'apparent.
Il faut le constater jour par jour, dans l'année,
Et non sur l'examen d'une seule journée ;
Ensuite, qu'en public trois couronnes d'honneur
Mettent hors de concours l'esprit supérieur.
Instituez pour lui quelque prix olympique,
Un triomphe romain, modeste, mais unique ;
Puis, pour encourager les plus humbles esprits,
Partagez-leur alors le reste de vos prix.

CHANT IV

Le Maître, ou l'Educateur

Il doit être parfait, ou du moins le paraître,
Cet ange ou demi-dieu que nous nommons le *maître*,
Qui, chargé de conduire à sa perfection
Le chef-d'œuvre ébauché de la création,
Peut dire en vérité qu'il forme à son image
L'âme de l'homme enfant, laid ou beau, fol ou sage.

O vous, de ce beau titre ici-bas revêtus,
Voyez bien si votre âme en nourrit les vertus.
Aimez-vous les enfants, et sans impatience
Supportez-vous leurs jeux, leur vive turbulence ?
Aimez-vous votre état et son labeur obscur ?
Etes-vous humble et fier, grave et gai, tendre et pur ?
Savez-vous lire aux yeux et dans les cœurs descendre ;
Invisible et présent, tout voir et tout entendre ;
Commander en silence et travailler sans bruit ;
Savoir, bien qu'ignorant, ignorer quoique instruit ?
Possédez-vous la foi, la piété modèle,
L'égalité d'humeur, la prudence, le zèle,
La force, la vigueur, la ferme volonté,
Et l'ordre, et la tenue, et la civilité,
Et vingt autres vertus dont il faut l'habitude,
Sans compter la science et l'amour de l'étude ?
Ah ! si vous la portez, cette perfection,
Vous êtes vraiment né pour l'éducation.

Père, maître et pasteur, voilà, surtout en France,
Le grand triumvirat qui gouverne l'enfance.
C'est à l'homme de Dieu de prêcher le devoir,
Et sur sa large base à fermement l'asseoir ;
Mais c'est une leçon de si haute importance
Que maîtres et parents lui doivent assistance.
A lui le dogme étroit et le mystère obscur,
A lui le décalogue et le monde futur ;
Mais à vous ce bas monde et ses œuvres pratiques,
A vous l'art, la science et les vertus publiques.
Travaillez de concert, ne soyez point rivaux,
Quoique jaloux, chacun, de vos propres travaux.
Vous, curé, montrez-vous pasteur autant que prêtre,
Et voyez ce qu'est l'homme avant ce qu'il doit être ;
Prêchez-lui l'oraison, la foi, les sacrements,
Mais d'abord la morale et les commandements,
Et plutôt ceux de Dieu que ceux d'aucune Eglise.
Fuyez la controverse et tout ce qui divise;
Joignez la tolérance à l'humble piété ;
Montrez que la justice est dans la liberté ;
Prônez la vie active et non le mysticisme,
Et tirez de l'histoire un vivant catéchisme ;
Formez l'homme, en un mot, autant que le chrétien,
Et soyez clérical moins que bon citoyen.

Et vous, instituteur, soyez de même apôtre.
Sachez bien que sa tâche est quelque peu la vôtre :
Non pas tant pour cela que, sans religion,
Tous vos efforts sont vains, vaine l'instruction,
Que parce qu'elle importe à notre fin dernière.
Ah ! faites à l'enfant, dans une humble prière,
Saluer tous les jours, invoquer et bénir
Notre Père des Cieux qui daigne le nourrir.
Montrez-lui sa bonté, sa beauté, sa puissance,
La sagesse des lois que fit sa providence :
Non dans un cours exprès ni de fades sermons,
Mais comme un corollaire à toutes vos leçons.
C'est au prêtre à prêcher une foi spéciale ;
Vous, la religion naturelle et morale.

Respectez de chacun le culte reconnu,
Et craignez que l'enfant ne soit circonvenu.
Mais que la liberté de toute conscience
N'aille pas vous jeter, vous, dans l'indifférence.
Le respect dont je parle est tout de charité ;
C'est un devoir civil et de pure équité
Qui ne dispense point d'un temple et d'un symbole.

L'école est une église, et l'église une école ;
Mais ne les mêlez point, enseignant par cumul
Maître le catéchisme ou curé le calcul :
Non, rien que votre part dans cette œuvre commune.
Libre d'ambition, n'en ayez jamais qu'une,
Celle du bon pasteur : de vivre et de mourir
Au milieu du troupeau qu'on vous donne à nourrir.
Que vos agneaux sont doux, vous, pasteur de l'enfan-
Que vous êtes heureux au sein de l'innocence ! [ce !]
Votre chaire est un dais, un trône universel
D'anges environné, comme Dieu dans le ciel.
Ah ! ne le quittez pas ! aimez avec tendresse.
On méprise le fat qui change et court sans cesse ;
Mais tout le monde honore un maître humble et sensé
Qui, satisfait du poste où ses chefs l'ont placé,
En voit moins l'importance au nombre des élèves
Que dans leurs seuls progrès, objet de tous ses rêves.

Mais l'ennui solitaire et le cruel besoin
L'assiégeront peut-être en son modeste coin ?
Non, le vrai sage seul n'est jamais solitaire :
Ses livres, son jardin, sa famille, un confrère
Sont des amis fervents, tout prêts à le fêter,
Et que hors de sa classe il aime à visiter.
S'il dédaigne les bals, cafés, cercles, théâtres,
Et laisse aux citadins tous leurs plaisirs folâtres,
Il aime la nature, et sait bien se créer
Quelque honnête plaisir qui peut tout suppléer.
Tel cultive au lutrin le chant et la musique,
Ou fonde l'orphéon, la fanfare publique ;
Tel autre est du pays le grand horticulteur,

Taillant, greffant pour tous des arbres d'amateur,
Mettant l'orme en berceaux ou bien la vigne en treilles ;
L'un nourrit des oiseaux, un autre des abeilles ;
Celui-ci pêche au fleuve ou chasse à temps perdu ;
Celui-là chasse aussi, botaniste assidu,
Mais ses collectious d'insectes et de plantes
De ses plaisirs encor font des leçons savantes.
Quant aux besoins du corps, il fut un temps honteux
Où le maître d'école, indigent, malheureux,
Esclave du curé, scribe et tambour du maire,
Quêtait de porte en porte un infime salaire ;
Mais ce temps-là n'est plus, grâce à Dieu ; le Trésor
En fait un qui suffit, quoique très humble encor,
Aux modestes besoins d'un maître sage et sobre,
Qu'un peu d'indépendance a lavé de l'opprobre.
Il peut bien aujourd'hui, sachant que des états
Nul par plus de bienfaits n'engendre plus d'ingrats,
Refuser tout présent, dédaigner toute injure :
Car on ne donne guère, on prête avec usure.
La mère généreuse espère qu'en retour
Vous aurez pour son fils plus de soin, plus d'amour.
Ah ! gardez-vous en bien ! Pour un cadeau frivole
N'allez pas vous livrer et vendre votre école.
Que s'il vous faut parfois accepter un présent,
Soyez-en plus sévère et non plus complaisant ;
Puis, généreux vous-même, un jour à l'enfant sage
Payez-le, sous la forme ou de livre ou d'image.

De tout mouchard aussi dédaignez le concours :
Pas de délation, vil et honteux secours !
Sachez ne rien devoir qu'à d'ostensibles veilles,
Entendre par les yeux et voir par les oreilles,
Etre présent partout, comme Dieu, tout prévoir,
Et paraître informé, même sans rien savoir.
Un seul mot du discours, de l'action un geste,
Du projet un regard doit révéler le reste.
Ne punissez pas tout, pourtant : dans l'action
Frappez toujours le fait moins que l'intention.
Le maître dans l'enfant doit envisager l'homme,

Mais n'y voir aujourd'hui qu'un faible enfant, en som-
Et songer que pour lui toute sévérité   [me,]
Bien moins que l'indulgence est près de l'équité.
Laissez à la maman les cris et les menaces,
Et le flux de sermons toujours inefficaces.
Soyez bref et précis dans le commandement ;
Ne le répétez point : c'est l'user promptement.

Faites-vous du silence une règle inflexible ;
Sans lui, nul bon travail, nul progrès n'est possible.
L'esprit n'est tout à soi qu'en un calme absolu.
Toujours à vivre seuls les sages se sont plu,
Et l'on a vu des Grecs amoureux de l'étude
Jusqu'au sein des tombeaux chercher la solitude.
Que l'école soit donc un temple au grave aspect,
Où l'enfant n'ose entrer qu'avec un saint respect,
Et, d'amis entouré travaillant solitaire,
Fasse de ses devoirs son chant et sa prière.
Vous-même parlez peu, parlez bas ; sourd-muet,
Exprimez-vous par signe, ou sonnette, ou sifflet.
Aussitôt qu'un signal a frappé son oreille,
L'enfant plus attentif s'observe, se surveille ;
Et, les yeux dans les yeux vous imitant sans bruit,
De votre enseignement recueille tout le fruit.

Imprimez le respect ; soyez-en le modèle,
Et saluez l'enfant : imitateur fidèle,
Il salûra bientôt maître, parents, vieillards,
Et tous seront entre eux affables, pleins d'égards.
L'honnête homme toujours doit être un homme honnê-
Pas de langage bas, de trop libre épithète,   [te :]
Pas de rire insultant, de sévice odieux ;
Respectez-vous vous-même et soyez sérieux.
Qu'un maintien libre et grave, un digne et sobre geste,
Un sévère habit noir, bien fait, propre, et modeste,
Vous gagnent tout d'abord l'estime et la faveur
Qu'inspire à tout le monde un noble extérieur.

N'oubliez pas, enfin, que nulle confiance
Ne se peut conserver sans vertu ni science.

Soyez maître avant tout, instruisez, élevez,
Et que par des succès vos mérites prouvés
S'accroissent tous les jours : qui n'avance recule.
Préparez votre classe avec soin et scrupule ;
Quel que soit du régent ou l'âge ou le savoir,
Quelque jeune l'enfant et simple le devoir,
Sans préparation la classe est toujours vaine
Et dans les lieux communs avec ennui se traîne.
Dès que le maître cherche, hésite, se reprend,
L'élève sourit, bâille et le croit ignorant.

Ménagez-vous pourtant, quel que soit l'ordre, une heu-
Un coin silencieux, n'importe la demeure,   [re,]
Où paisible et caché, libre et l'esprit dispos,
Vous puissiez quelquefois méditer en repos,
Vous instruire vous-même afin de mieux instruire,
Jouir de vous enfin pour croître votre empire.
Un maître sans loisir, toujours chargé d'autrui,
S'encroûte et s'enroutine, et la classe avec lui.
Oh ! l'étude, festin de toute âme d'élite,
L'étude, grand secret de tout maître émérite,
Aimez-la, cherchez-la, consacrez-lui toujours
Et vos premiers baisers et vos derniers amours.

C'est pourquoi, vous, nos chefs, surveillez ! mais de grâ-
Donnez la liberté quand vous donnez la place.   [ce]
Ne veuillez pas y voir un vil serf, condamné
A répondre de tout bien qu'il soit enchaîné !
Donnez la liberté large et prudente au maître,
Afin que progressive il puisse la transmettre.
Un riche Athénien, n'en sachant la valeur,
Marchandait pour son fils un sage précepteur.
Comme on demandait cher d'une charge si grave :
« Mais j'aurais pour ce prix, dit-il, un docte esclave » !
— « Prenez-le, fit le sage, et vous en aurez deux. »
Puissent nos gouvernants prendre ceci pour eux !
Et puissent nos enfants n'avoir plus dans les lettres,
Comme chez les anciens, des esclaves pour maîtres !

Je pourrais dire ici comment devrait l'Etat
Préparer les régents à leur apostolat ;
Dire les vœux ardents des Ecoles normales,
Où trois pauvres adjoints, infortunés Tantales,
S'efforcent vainement de boire et de plonger :
Du fleuve de science hélas ! le flot léger
Fuit leur lèvre brûlante et trompe leurs disciples.
Je connais ce supplice et ses causes multiples,
Mais je préfère offrir à votre œil scrutateur
Le type et le miroir du bon instituteur.
Que chacun s'y regarde et tire sa morale :
Fût-ce Rollin, Girard, Pestalozzi. La Salle,
Il y verra des traits qu'aucun n'a jamais eus.
Quel est donc ce miroir ? Tout simplement Jésus.

Certes, Jésus est Dieu ; mais ne fût-il qu'un homme,
Il serait seul plus grand que la Grèce et que Rome.
Il a tout dit, tout fait. On l'a peint mille fois
Comme un parfait patron des sujets et des rois,
Des pères, des enfants, des époux et des vierges,
Pasteur plein de pardons, et juge armé de verges ;
Mais nos prêtres jaloux nous l'ont trop peu montré
Pédagogue accompli, magister attitré.
C'est le nom cependant que lui donnait la foule
Et dont il s'honorait ; et nul, s'il ne se moule
Sur ce type divin, ne peut être en effet
Non plus que bon pasteur instituteur parfait.

C'est toute une leçon déjà, claire et complète,
Que Jésus se renferme au rôle de prophète ;
Qu'il ne fasse et ne soit bachelier ni docteur,
Mais bien tout simplement saint prêtre et bon pasteur.
Il ne fait pas l'école, il élève une Eglise,
Et pour mieux exceller il se spécialise.
Mais nous, faibles mortels, nous voulons tout savoir,
Sur le cœur et l'esprit exercer tout pouvoir !
L'Université prêche et le Clergé professe,
Le curé tient école et le maître dit messe !
Quand ils devraient s'aimer, s'aider, et n'être qu'un

Dans l'imitation de leur Maître commun,
On les voit disputer comme un jour les apôtres
A qui sera premier et mènera les autres !
Insensés ! Jésus, lui, refusant d'être roi,
Vous dit: « Soyez de cœur humble et doux comme moi »

Toutefois, il est né de sang royal, pour dire
Que la plus noble tâche ici-bas c'est d'instruire.
Il est Nazaréen, sacré dès le berceau,
Pour montrer que le ciel marque du même sceau
Le maître et le pasteur, et qu'un attrait précoce
Doit les porter tous deux à leur haut sacerdoce.
Il obéit longtemps avant de commander,
Et c'est ainsi toujours qu'il faut y procéder.
Modèle de l'élève aussi bien que du maître,
Il révèle à douze ans quel docteur il doit être ;
Mais il n'aborde enfin sa tâche avec éclat
Qu'après trente ans d'étude et de noviciat.
Hélas ! sans tant d'épreuve, un jeune téméraire
Affronte bien chez nous et l'autel et la chaire ;
Et puis, quand son orgueil est frappé d'insuccès,
C'est à son troupeau seul encor qu'il fait procès :
Les enfants sont bouchés, stupides les fidèles ;
Comme si Jésus, lui, n'eût pris que les modèles !
On le voit s'entourer d'aveugles, d'ignorants,
De pécheurs endurcis de tout sexe et tous rangs.
« Je ne suis pas venu, dit-il, sauver les justes,
Mais les faibles pécheurs. » Et de ses pieds augustes
Il les poursuit partout, aux cités, aux déserts,
Sans se borner à paître un troupeau de convers.
Mais, chez nous, sur des bancs on attend l'auditoire,
Et même l'on maudit l'école obligatoire !

Sait-on suivre du moins, pour ce public choisi,
L'exemple de Jésus ? Non, on l'a mal saisi.
L'Evangile dit bien qu'il sut compter et lire,
Mais non qu'il vint jamais se mêler d'en instruire.
Bon pasteur avant tout, et pour cela seul oint,
Il usa peu du livre et n'en composa point ;

Il disait et faisait, payait de sa personne,
Prêchait d'exemple, enfin : cette règle est la bonne.
Mais trop souvent, en France, on se borne à prêcher ;
On montre le chemin sans vouloir y marcher.
On cherche à remplacer l'esprit par un volume,
L'oreille par les yeux, la langue par la plume.
Ah ! pour qui veut former des saints ou des savants,
Rien ne vaut la parole et le geste vivants.
Dans un livre muet tous ne savent pas lire,
Et jamais il ne force un seul homme à s'instruire.
Il faut, comme Jésus, que tout instituteur
Soit le livre parlant de son jeune auditeur ;
Et, s'imprimant en eux sans tant de caractères,
Qu'il fasse des enfants ses vivants exemplaires.

Qu'il les imite aussi dans leurs chastes vertus,
Car ils sont nos patrons, au rapport de Jésus.
« Laissez venir à moi, dit-il à ses apôtres,
Ces chers petits enfants, plus parfaits que vous autres.
Nul homme, en vérité, ne monte en paradis
S'il ne devient semblable à l'un de ces petits.
Vous donc, qui les formez dans l'école ou l'église,
Malheur, je vous le dis, à qui les scandalise !
Mieux vaudrait que jamais il n'eût respiré l'air,
Ou qu'il se fût jeté, pierre au cou, dans la mer !... »
Voilà comment Jesus savait aimer l'enfance :
Avons-nous bien ce zèle et cette révérence ?

Pourtant, quoique soumis à Marie et Joseph,
Il nous choque lui-même en disant d'un ton bref :
« Pourquoi me cherchiez-vous ? Ne suis-je pas sur ter-
Pour m'occuper en tout des choses de mon Père ? » [re]
Ou bien encore ces mots qui déroutent la foi :
« Qu'y a-t-il de commun, femme, entre vous et moi ? »
Or voici le grand sens de cette phrase obscure :
C'est qu'il faut se garder d'entraver la nature,
Et laisser aux enfants, dans l'éducation,
Toute la liberté de leur vocation.
Parents, maîtres, pasteurs n'ont rien qu'un ministère ;

Jésus même n'était que l'agent de son Père :
Agent indispensable, il est vrai, tout-puissant,
Mais qui jusqu'à la mort s'est fait obéissant,
Plutôt que d'offenser, par ruse ou violence,
La volonté de Dieu dans notre conscience.
Il prétend à sa foi convertir l'univers,
Mais non pas l'y contraindre et lui donner des fers.
De l'homme créé libre il veut un libre hommage,
Et de la raison ferme un ferme témoignage.
Ainsi doit un bon maître enseigner sans rigueur,
Convaincre la raison, persuader le cœur.

Jésus n'en hait pas moins toute erreur et tout vice :
S'il en plaint la faiblesse, il en craint la malice.
Il ne fait de personne acception ni fi,
Ne jette pas d'injure ou d'insolent défi ;
Mais il a des transports d'indignation sainte
Quand il voit l'égoïsme ou la piété feinte.
Quels traits il lance alors ! quels terribles arrêts !
Ils sont pour nous encor de flétrissants soufflets.
Jésus frappe des Juifs les docteurs et les prêtres
Comme s'il eût visé nos curés et nos maîtres.
Est-ce réalité ? n'est-ce qu'illusion ?
Je ne sais ; mais il semble, en mainte occasion,
Que, bien qu'impartial et saint dans ses justices
Et quoiqu'il ait flétri tous pécheurs et tous vices,
Jésus veuille marquer d'un stigmate plus noir
Ceux qu'exalte l'autel et grise l'encensoir :
Prêtres, pharisiens, et docteurs, et pontifes ;
Les Pilates aussi, mais moins que les Caïphes.
Il les frappe cent fois de ses foudres vengeurs,
Tandis qu'il en fait grâce aux plus pauvres pécheurs.
Il ne prend nul apôtre en nulle synagogue.
Que nous enseigne ainsi le divin Pédagogue ?
Deux grandes vérités : qu'un bon maître, d'abord,
Au pauvre comme au riche, au faible comme au fort,
Partage également ses soins et sa science,
Le châtiment amer, la douce récompense :
Ensuite, qu'aux partis non moins impartial

Et ne gardant de haine en rien que pour le mal,
Il laisse à nos pédants leurs disputes néfastes
Et fuit tout privilège et tout esprit de castes.

Qu'il fasse mieux encore, et tourne son désir
A prévenir le mal plutôt qu'à le punir.
Jésus n'eut autre soin durant sa vie entière,
Et c'est pour cela seul qu'il est venu sur terre.
Il prévient les méchants des suites du trépas,
Sion de ses malheurs, de son crime Judas,
Saint Pierre de sa chute, enfin tous ses disciples
Du scandale effrayant de ses tourments multiples.
Tel doit un maître sage instruire et prémunir :
Qui ne sait rien prévoir perd le droit de punir.

Mais où Jésus surtout est un grand pédagogue,
C'est dans l'emploi constant qu'il fait de l'apologue.
Là, du connu toujours allant à l'inconnu,
Il instruit le plus nul et le plus prévenu.
Faut-il redire ici les belles paraboles
Que savent les enfants de toutes nos écoles ?
L'ivraie et le bon grain, César et ses deniers,
Le maître de la vigne avec ses ouvriers,
La drachme, les talents, ou le figuier sans figue,
Le festin nuptial, ou bien l'enfant prodigue,
L'économe infidèle, enfin ce bon semeur
Qui figure si bien le bon instituteur ?
Voilà comment Jésus, par des rapports très justes,
Rend sensibles et clairs ses préceptes augustes.
En toute chose, il va du simple au composé ;
Et son enseignement, d'abord sensible, aisé,
Tout pratique et moral, plein de vérités claires,
Se complique à la fin de dogmes, de mystères,
Tels qu'aux apôtres même il en cache le sens
Jusqu'à ce qu'aient parlé l'Esprit-Saint et le temps.
Un sage instituteur gradue ainsi l'étude
Sur l'âme de l'enfant, son rang, son aptitude ;
Et puis il fait souvent, comme Jésus toujours,
Sur les points déjà vus de plus profonds retours.

Jésus est simple, mais, dès que c'est nécessaire,
Il le prend de plus haut et monte dans la chaire.
Alors, en quatre mots lumineux et vainqueurs,
Il traite à fond la chose et confond les docteurs.
Que ressort-il de là ? Que pour être un bon maître
Il faut plus de savoir que l'on n'en doit transmettre,
Et qu'il ne dépend point d'un habit ou d'un vœu
D'en enseigner beaucoup quand on n'en a que peu.
Jésus veut qu'on s'instruise ; il reproche aux apôtres
De l'interroger peu. Qu'eût-il dit de nous autres ?
Ah ! consultons-le donc, mais sur la sainteté :
Car il pique et contient la curiosité ;
Il borne ses leçons à leur fin spéciale,
Et ne fait pas de tout à propos de morale.

Jésus veut cependant, modèle tout entier,
Prêcher même le corps. Né fils d'un charpentier,
Il travaille des mains et fait œuvre servile,
Bien avant que Rousseau l'eût prescrit dans l'Emile.
Pauvre et chaste, il nous montre à subjuguer la chair ;
Brave le froid, la faim ; prêche, enseigne en plein air,
Sur les toits, sur les eaux, sans livres, sans écoles,
Et n'emprunte qu'aux champs ses saintes paraboles.
C'est là que la nature en son livre sacré
Parle au vrai philosophe, au poète inspiré.

Mais Jésus a jeûné, me dira-t-on peut-être,
Et c'est là pour le corps un trait de mauvais maître.
— Oui, du moins une fois, à trente ans, par état,
Et pour se préparer à son apostolat ;
Mais n'a-t-il pas daigné, lui, pauvre d'ordinaire,
Du riche quelquefois goûter la bonne chère ?
Certes, il méprisait les plaisirs, les trésors,
Mais non les agréments ni les besoins du corps.
S'il hait le mauvais riche et ses repas féroces,
Il prend pourtant sa part des festins et des noces.
De Madeleine en pleurs s'il n'aime les parfums
Que comme ces présents que l'on fait aux défunts,
Il reproche à Simon, comme une grande faute,

De n'avoir pas offert à laver à son hôte.
Car il aimait les bains, la douce propreté,
Et tout ce qui peut rendre ou garder la santé.
Celui qui pour guérir prodiguait le miracle
Au bien-être du corps ne pouvait faire obstacle.

Mais, peut-on dire encor, vierge et nazaréen,
Jésus est l'opposé du régent lycéen ;
Et ce maître ne peut, dans son œuvre immortelle,
Laïque et marié, suivre ce grand modèle.
— C'est une grave erreur : la sainte chasteté
Est bien la digne sœur de la virginité.
Si Jésus, prêtre et Dieu, ne pouvait prendre femme,
Et si, venant purger notre nature infâme,
Il n'a pas dû créer quelque autre homme accompli,
Tel que l'eût fait Adam s'il n'avait point failli,
Il ne s'ensuit en rien pour qu'un maître soit sage
Qu'il doive renoncer au monde, au mariage.
L'amour n'a plus au ciel de sexe ni d'hymen,
Et l'on veut que le prêtre en soit un spécimen :
Bien ; mais l'instituteur, ministre des sciences,
Avec le divin Maître a d'autres ressemblances.
Nul ne peut de tout point en être le portrait ;
C'est assez pour chacun d'en rendre quelque trait.
Le maître marié l'imite terre à terre,
Et c'est moins Dieu le Fils, mais c'est plus Dieu le Père.
Mieux qu'un célibataire, il sent au naturel
Et souffre les erreurs de l'amour maternel.
Oui, pour bien suppléer les pères de famille,
Il faut l'être soi-même, avoir et fils et fille.
On n'imagine pas des sentiments si beaux,
Il faut les ressentir dans sa chair et ses os ;
Il faut se marier, et sur les fils des autres
Porter l'amour d'instinct qui nous tient pour les nôtres :
Ni robe ni rabat n'en peuvent tenir lieu.
Jésus ne l'a point fait, mais Jésus était Dieu ;
Il pouvait, savait tout. Et pour son ministère,
Encore a-t-il eu soin de se garder sa mère :
Heureux de son amour, près d'elle il put longtemps

Ne point se marier et mourir à trente ans.
Le maître doit changer, lui, c'est par là qu'il brille,
Sa famille en école et l'école en famille,
Et pour tout le village être dans sa maison
Un modèle d'amour non moins que de raison.

FIN.

TABLE.

ERRATA

Page 8, ligne 12, lisez *témoin* et non témoins.
 — 12, — 28, lisez *vous-mêmes* et non vous-
même.
 — 18, — 16, Virgule à supprimer.
 — 23, — 1, *mendiant* et non mendiants.

MONTMÉDY. — IMP. PIERROT.